새롭게바뀐
비트코인
쉽게 배우기

• 이운희(땡글닷컴 쌍둥아빠) 지음 •

한스미디어

개정판을 출간하며

블록체인으로
더욱 안전해진 비트코인

블록체인, 한 걸음 더 앞으로 다가왔습니다

비트코인Bitcoin의 핵심 가치 블록체인Block Chain. 그 블록체인이 우리 생활에 한 걸음 더 훌쩍 다가왔습니다.

블록체인이 뭔데? 사실 보통 사람들에게는 큰 관심거리가 아닙니다. 일반 사용자에게는 스마트폰으로 인터넷만 볼 줄 알면 될 뿐, 그 뒤의 통신망이 4G인지 5G인지는 중요하지 않은 것과 같습니다. 하지만, 이 책을 집어든 당신은 그렇지 않습니다. 당신은 새로운 것, 새롭게 변화하는 환경에 도전하기를 좋아하는 사람이기 때문입니다.

블록체인으로 인해 펼쳐질 미래는 3D 프린터처럼 눈에 쉽게 보여지는 부분은 아닙니다. 인공지능(Artificial Intelligence, AI)처럼 우리에게 말을 걸어주는 로봇도 아닙니다. 하지만 블록체인으로 당신의 운전 면허증을 재발급하고, 부동산 임대 계약서를 작성하며 또 당신의 자산을 보호할 수 있습니다.

당신이 외국에서 여권을 잃어버렸을 때, 보유한 코드 하나로 당신이 대한민국 국민임을 입증할 수도 있습니다. 이처럼 블록체인은 소유 증명, 계약 증명 등의 부분에서 무한한 잠재력을 가지고 있습니다. 그 가능성이 어디까지인지 계속 실험 중이며 점차 블록체인을 이용한 신분 증명, 계약 증명 등이 보편화될 것입니다. 특히 지역적 차이로 국가 간 문서 증명 체계가 다른 국제 거래에서 더욱 강점을 드러낼 것입니다. 당신이 외국과 관련한 비즈니스를 한다면 블록체인에 더 큰 관심을 두어야 합니다.

블록체인은 비트코인과 함께 만들어졌습니다. 비트코인은 블록체인으로 대표되는 최초의 분산형 암호화 화폐입니다. 비트코인의 가치가 올라갈수록 블록체인이 주목을 받고, 블록체인이 주목 받을수록 비트코인의 가치가 올라가고 있습니다.

비트코인의 가치는 단순히 가격으로 따질 수 없습니다. 그 안에는 우리 미래를 좀 더 안전하고 편리하게 만드는 블록체인이 있으며 그 대표 주자 비트코인에 관심을 가지는 것이 변화하는 미래에 대한 첫걸음이 됩니다.

비트코인 커뮤니티 땡글 운영자

쌍둥아빠 이운희

> 크립토커런시Cryptocurrency는 우리나라에서 가상 화폐로 흔히 알려져 있지만 암호화 화폐가 정확한 용어입니다.

머리말(초판)

비트코인으로 시작하는
암호화 화폐 경제생활

비트코인, 이거 먼 나라 이야기 아닌가요?

언젠가부터 뉴스에서 비트코인, 비트코인 하고 기사가 나오는 것을 보면서 많이 궁금했습니다. 비트코인? 도대체 무엇에 쓰는 물건이지? 그냥 사기꾼이 지껄이는 말 같고 나와는 상관없는 물건인 것 같습니다. 아니면 그냥 어디 먼 나라 이야기 같습니다.

맞습니다. 아직은 먼 나라에서나 인기가 있는 물건입니다. 아직 우리나라에서는 일부 얼리어답터들(Early Adopter)이나 만지는 물건이고 나와는 관계가 없는 이야기 같습니다. 하지만 언제까지나 먼 나라 이야기일까요? 나도 모르게 비트코인이 생활 속에 스며들고 나도 모르는 사이에 시류에 뒤처지게 될지도 모릅니다. 신용 카드나 포인트 카드를 사용할 줄 모르는 사람들처럼 말이죠.

다른 나라는 어떨까요? 미국을 보겠습니다. 바로 얼마 전입니다. 미국 연방수사국(Federal Bureau of Investigation, FBI)은 불법 사이트에서 압수한 비트코인 3만 개를 경매에 부쳤습니다. 그리고 그 비트코인은 팀 드레이퍼Tim Draper라는 미국의 억만장자에게 181억 원이라는 금액에 낙찰되었습니다. 아니, 도대체 비트코인이 무엇이기에 FBI는 이것을 팔았고 팀 드레이퍼는 왜 이렇게 비싼 돈을 주고 비트코인을 샀을까요?

이번에 경매에 나온 비트코인은 FBI가 실크로드Silk Road라는 불법 사이트에서 압수한 물품입니다. 보통 불법 조직에서 압수한 현금은 국가에서 압류하고 국고에 귀속을 시킵니다. 물론 불법적인 물품은 폐기합니다. 그런데 FBI는 비트코인을 경매에 부쳤습니다. 이것은 FBI가 비트코인을 자산으로 인정한다는 중대한 의미를 가집니다. 그리고 미국의 억만장자 팀 드레이퍼가 이렇게 비싼 돈을 주고 비트코인을 낙찰 받았다는 것은 비트코인의 미래 가치를 아주 긍정적으로 보고 있다는 것입니다.

> 실크로드는 미국에서 마약, 불법 무기, 청부 살인 등의 불법적인 일을 중개하는 사이트였습니다. 여기서 현금 거래를 하지 못하니까 비트코인을 이용했었습니다. 지금은 폐쇄되었습니다.

이외에도 비트코인에 대해 많은 긍정적인 소식이 미국에서 계속 전해지고 있습니다. 세계 금융과 소프트 파워의 중심지인 미국에서의 비트코인에 대한 긍정적인 반응은 곧 비트코인 비즈니스가 활성화되고 우리나라에 보편화될 날이 멀지 않았다는 것을 의미합니다.

> 쉽고 간편한 모바일 결제에 대한 세계 각국의 쟁탈전이 매우 치열합니다. 아이폰으로 유명한 애플은 얼마 전에 결제 시장을 선점하기 위해 'Apple Pay'를 선보였습니다. 우리나라에서는 카카오톡으로 유명한 다음카카오가 카카오페이를 선보였죠. 세계 최대의 결제 회사인 페이팔Paypal에서는 이에 대응하기 위해 비트코인에 대한 결제를 허용하는 것으로 방침을 정했습니다. 바야흐로 빠르고 쉬운 결제를 위한 전쟁이 열린 것입니다. 이 중에서 지역에 구애받지 않고 자유로운 거래 방식은 비트코인이 으뜸입니다.

비트코인은 현금이나 카드와 어떤 점이 다른가요?

비트코인은 전산화된 돈과 비슷합니다. 쉽게 말해 은행에 예금된 '잔고'의 개념과 같은 것입니다.

우리는 은행의 통장으로 월급을 받아 잔고가 늘어나고 물건을 살 일이 있으면 은행의 잔고에서 돈을 빼서 다른 곳에 이체를 합니다. 카드 결제 대금도 자동 이체로 알아서 빼갑니다. 우리는 은행의 잔고를 이용해 삶을 살아가고 있습니다.

그런데 만일 예전의 ○○은행 사태처럼 은행망이 정지되어서 출금이 정지되는 사태가 발생하면 어떻게 될까요? 바로 패닉에 빠집니다. 당장 물건을 사야 하는데 통장에서 돈을 뺄 수 없고 결제를 해야 하는데 출금을 할 수 없는 아주 심각한 상황에 빠집니다. 현재 전산화된 금융 시스템의 가장 큰 문제는 정보가 집중화되어 있어서 센터에 문제가 생기면 여기에 연결된 모든 접속자가 영향을 받는다는 것입니다.

카드는 어떨까요? 얼마 전에 ○○카드 전산실에 화재가 발생해서 며칠간 카드 결제가 원활하게 되지 않는 일이 생겼었습니다. 카드 또한 중앙망이 붕괴될 경우 연결된 사용자의 모든 기능이 정지되는 일이 발생합니다.

그러면 비트코인은 어떤가요? 비트코인은 전산화된 은행의 '잔고 숫자'와 비슷한 기능을 합니다. 하지만 결정적으로 은행의 잔고와 다른 점이 비트코인은 내가 직접 가지고 있다는 것입니다. 비트코인은 내 PC에 넣어둘 수도 있고 내 USB에 저장해둘 수도 있습니다. 심지어 종이에 프린트해서 무기명 채권처럼 보관할 수도 있습니다! 정말 혁명적이지 않은가요? 전산화된 잔고가 어느 은행에 보관할 필요도 없이 내가 개인적으로 보관할 수 있다는 사실이 놀랍습니다.

신용 카드를 사용하면 돈은 언제 지불될까요? 사용자가 카드를 사용하면 사용자는 돈을 준 것으로 가정, 물건을 가져갑니다. 하지만 가맹점은 카드 승인이 나고 매입이 완료된 후 며칠은 지나야 실제 돈을 받을 수 있습니다.

하지만 비트코인의 경우 결제를 하면 바로 사용자에게서 가맹점으로 직접 비트코인이 전송됩니다. 중간에 아무런 은행이나 기관을 경유하지 않고서도 나의 지갑에서 가맹점의 지갑으로 비트코인을 전송할 수 있습니다. 가히 금융의 혁명이라 아니할 수 없습니다.

비트코인을 왜 써야 하나요? 지금까지 없어도 잘 살았는데…

신용 카드가 처음 나왔을 때를 생각해보겠습니다.

1978년, 우리나라에 외환비자카드가 처음 생겼습니다. 그때의 반응은 어땠나요? 가맹점은 가맹점대로 '이거 돈을 주기는 주는 거야?'라는 의구심과 함께 '내가 왜 수수료를 떼고 카드를 받아야 하지? 난 현금만 받을 거야'라는 생각이 들고, 사용자는 사용자대로 '이거 귀찮게 회원 가입하고 복잡하게 카드 만들어서 쓸 필요가 있을까?'라는 생각을 했습니다.

하지만 지금은 어떤가요? "저희 가게는 카드를 받지 않습니다"라고 써 붙이면 장사가 어떻게 될까요? 굳이 적지 않아도 다들 잘 아실 것입니다.

비트코인도 마찬가지입니다. 지금 굳이 '비트코인을 왜 받아야 하지?'라는 생각이 들 테고 '왜 비트코인으로 내야 하지?'라는 생각이 먼저 들 것입니다.

하지만 비트코인에 대해 조금씩 알아가면 알아갈수록 비트코인이 가지는 무한한 가능성에 대해 알게 되고 비트코인을 사용함으로써 얻는 이득이 무엇인지 알 수 있습니다. 그러면 어느 순간 우리 주변에는 비트코인을 받지 않는 가맹점이 없을 정도가 되어 있을 것입니다.

CONTENTS

개정판을 출간하며 블록체인으로 더욱 안전해진 비트코인 · 04
머리말 비트코인으로 시작하는 암호화 화폐 경제생활 · 07

CHAPTER 01

비트코인이 뭔가요?
가상 화폐의 탄생

01	비트코인은 누가 만들었나요?	· 21
02	비트코인, 어디에서 쓸 수 있나요?	· 26
03	비트코인은 어디서 사고팔 수 있나요?	· 29
04	비트코인 가격은 어떻게 정해지나요?	· 32
05	리치리스트가 무엇인가요?	· 38
06	비트코인의 단위는 어떻게 되나요?	· 41
07	비트코인은 얼마나 발행되었나요?	· 43
08	비트코인의 발행이 종료되면 채굴할 필요가 없어지나요?	· 45
09	비트코인이 기존의 화폐 시스템과는 무엇이 다르죠?	· 47
10	비트코인의 전송 시스템이 가지는 의미는 무엇인가요?	· 52

화폐의 시작에서 비트코인까지 · 56

CHAPTER 02
비트코인은 어떻게 만들어지나요?
프로세스의 이해

11	비트코인 주소가 뭐죠?	• 81
12	트랜잭션이 뭐죠?	• 84
13	블록체인이 뭐죠?	• 86
14	비트코인 채굴이 뭐죠?	• 92
15	비트코인은 어디서 생기죠?	• 98
16	어떻게 비트코인을 얻나요?	• 100
17	이체 수수료는 뭐죠?	• 103
18	왜 10분이나 걸리나요?	• 106
19	블록체인과 지갑은 어떤 관계인가요?	• 109
20	비트코인은 복사하기가 쉽지 않나요?	• 112
21	비트코인은 해킹을 당하기 쉽지 않나요?	• 114
22	비트코인은 해킹에 대해 안전한가요?	• 117
23	양자 컴퓨터가 나오면 비트코인이 해킹 당한다던데요?	• 120

CHAPTER 03
비트코인 지갑은 어떻게 만드나요?
실전 전자 지갑 만들기

24	비트코인 지갑에는 어떤 종류가 있나요?	• 125
25	지갑은 무엇이고 주소는 무엇인가요?	• 129
26	주소는 누가 만들어주나요?	• 131
27	비트코인을 이체하는 데 시간이 왜 오래 걸리나요?	• 133
28	다른 주소로 잘못 보냈어요	• 136
29	같은 주소를 동시에 다른 PC에서 사용하면 어떻게 되나요?	• 139
30	실전 활용법 1 비트코인 코어 설치하기	• 141
31	실전 활용법 2 비트코인 코어 지갑 암호화하기	• 150
32	실전 활용법 3 비트코인 코어 지갑 백업/복원하기	• 156
33	실전 활용법 4 비트코인 코어 설정하기	• 169
34	실전 활용법 5 비트코인 코어 코인 받기/보내기	• 174
35	실전 활용법 6 비트코인 코어 개인키 추출/복원하기	• 179
36	실전 활용법 7 비트코인 일렉트럼 지갑 만들기	• 183
37	실전 활용법 8 블록체인인포 웹 지갑 만들기	• 196
38	실전 활용법 9 하드웨어 지갑 Ledger Nano S 설치하기	• 214
39	실전 활용법 10 하드웨어 지갑 Ledger Nano S 받기/보내기	• 231

CHAPTER 04
비트코인을 어디에 적용하나요?

40	비트코인을 외국에 보낼 수 있나요?	• 241
41	해외여행 갈 때 비트코인을 사용할 수 있을까요?	• 244
42	비트코인을 오래 안전하게 보관할 수 있나요?	• 245
43	채굴하면 돈을 벌 수 있나요?	• 250
44	비트코인에 투자를 할 수도 있나요?	• 253

CHAPTER 05
이더리움은 무엇인가요?
스마트 컨트랙트의 탄생

45	이더리움은 누가 만들었나요?	• 261
46	스마트 컨트랙트는 무엇이죠?	• 264
47	이더리움이 비트코인과 다른 점이 궁금해요	• 266
48	`실전 활용법` 이더리움 지갑 설치하기	• 270

CHAPTER 06
다른 암호화 코인에는 무엇이 있나요?

49	알트코인이 무엇인가요?	• 287
50	라이트코인은 무엇인가요?	• 289
51	이더리움 클래식은 무엇인가요?	• 291
52	비트코인 캐시는 무엇인가요?	• 293
53	리플은 무엇인가요?	• 296

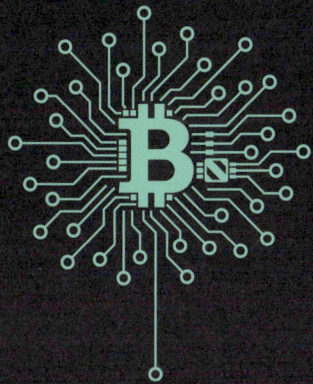

CHAPTER 01

비트코인이 뭔가요?
가상 화폐의 탄생

BITCOIN

비트코인은
누가 만들었나요?

전 세계적으로 이슈가 된 비트코인을 누가 만들었는지에 대한 정보는 자세히 알려져 있지 않습니다. 비트코인 소스 코드에는 개발자 이름이 사토시 나카모토 Satoshi Nakamoto라고 기록되어 있지만 실존하는 인물인지에 대한 어떠한 단서도 존재하지 않습니다. 그래서 사토시 나카모토가 누구인가에 대한 설이 분분합니다.

첫째, 어떤 개인이 아니라 암호화 화폐를 개발하는 그룹에 대한 통칭이라는 설이 있습니다. 물론 핵심 개발자는 존재하겠지만 이런 프로젝트를 혼자서 완성한다는 것은 무리이므로 개발자들의 그룹을 사토시 나가모토라는 익명으로 만든 것 아니냐는 설입니다. 비트코인의 기본 이념이 분산화, 탈중앙화이므로 혹시 모를 신변의 위협에 대비해서 가상의 인물로 그 위험을 돌려버렸을 수도 있습니다. 지금처럼 비트코인의 가치가 올라버린 상태에서 실존 인물이 존재한다면 신변의 위협은 더 커질 수도 있습니다.

둘째, 어떤 개인 또는 팀이 아니라 어느 국가나 대형 조직이라는 설입니다. 자신의 자산을 더 보유하고 암거래에서 원활하게 사용하기 위해 만들었다는 설도 있지만 타당성은 떨어집니다.

셋째, 비트코인 개발에 참여한 두 번째 개발자 마르티 말미Martti Malmi라는 사람이라는 설입니다. 당시 핀란드의 컴퓨터를 공부하는 학생이었으며 비트코인 개발에 두 번째로 참여한 것으로 기록되어 있는 인물입니다. 비트코인 개발자로 유력한 후보 중 하나로 추정되고 있는데 이유는 비트코인을 공식적으로 배포하는 사이트인 bitcoin.org와 비트코인 개발자들과 사용자들의 커뮤니티인 bitcointalk.org의 도메인 소유자이기 때문입니다. 아직도 bitcointalk.org에서 활동하고 있습니다. bitcoin.org는 비트코인 프로그램이 공식으로 배포되는 사이트로 비트코인 프로그램이 정식으로 배포되기 전인 2008년 8월 18일에 등록되었습니다. 하지만 사토시 나가모토라는 이름의 사용자가 bitcointalk.org에 동시에 활동했고 사토시 나가모토는 2010년 이후 활동을 멈추었다는 점에서 의문 또한 존재합니다.

다음은 도메인 소유를 확인하는 whois라는 정보입니다.

```
Domain Name:BITCOIN.ORG
Created On:18-Aug-2008 13:19:55 UTC
Registrant Name:Louhi Net Oy
Registrant Organization:Louhi Net Oy
Registrant City:Helsinki
Registrant Country:FI
Name Server:DNS1.LOUHI.NET
Domain Name:BITCOINTALK.ORG
Created On:24-Jun-2011 05:19:00 UTC
Sponsoring Registrar:Tucows Inc. (R11-LROR)
Registrant Name:Contact Privacy Inc. Customer 0128032522
Registrant Street1:96 Mowat Ave
Registrant City:Toronto
```

지금은 소유주 보호 서비스를 신청해서 등록 정보가 보이지 않습니다.

비트코인의 시작

2009년 1월 10일 새벽 12시 59분. 사토시 나카모토는 마지막 엔터 한 번을 남겨두고 감회에 젖었다. 도대체 몇 달간 밤을 꼬박 지새운 건지…. 58초, 59초, 1시 정각. 그리고 엔터. 모니터에는 프로그램을 생성하는 하얀 글자들이 스쳐 지나가면서 지금 이 시대의 천재적인 결과물을 만들어낸다. 드디어 새로운 디지털 암호화 화폐의 시대가 열렸다. 하지만 사토시의 장난 같은 프로그램에 관심을 가진 사람은 그리 많지 않다. 온라인에서 알게 된 몇몇 프로그래머들끼리 PC 몇 대 켜두고 서로 코인을 보내보고 받아보며 낄낄거리는 정도. 사토시 자신이 이렇게 열 달간 10만 코인 정도를 채굴하니 채굴에 흥미가 점점 떨어져간다. 자, 충분히 테스트는 한 것 같으니 사람들에게 알려볼까.

2009년 11월 19일, 사토시는 간단한 홈페이지를 하나 만들었다. http://bitcointalk.org. 아직 아무도 찾지는 않지만 그냥 이런저런 글을 써본다. "Welcome to the new Bitcoin forum!"

이렇게 만들어진 '비트코인'은 컴퓨터 프로그래머들 사이에서 선풍적인 인기를 끌게 된다. bitcointalk.org를 통해 많은 젊은이들이 코인을

채굴하고 나눠 가지며 서로 주고받았다. 코인에 별다른 의미는 없지만 많은 젊은이에게 비트코인을 채굴하고 전송하는 것은 하나의 놀이였기 때문이다.

아무도 돈을 주고 비트코인을 사지는 않았다. 하지만 아무도 비트코인을 공짜로 팔지도 않았다. 그러다 보니 비트코인이 궁금한 사람들이, 그리고 재미로 비트코인을 모으는 사람들이 자기가 가진 별로 쓸데없는 물건들을 가지고 비트코인을 모으기 시작했다. 쉽게 말하면 어차피 쓰지 않는 쿠폰을 팔아서 비트코인을 받는 것이다. 이런 교환들이 점차 늘어나다 보니 어느새 돈을 직접 주고 쿠폰을 사 오는 것보다 비트코인을 산 뒤에 비트코인으로 쿠폰을 사는 것이 더 빠르고 편리하다는 것을 알게 된다. 이렇게 비트코인이 퍼져 나가면서 자연스럽게 비트코인을 사용하는 사람들의 그룹에서 비트코인은 하나의 통화로서 자리매김하게 되고 사토시는 2010년 12월 13일 새벽 4시를 마지막으로 자취를 감춘다.

Summary - satoshi	
Name:	satoshi
Posts:	575
Activity:	364
Position:	Founder
Date Registered:	November 19, 2009, 07:12:39 PM
Last Active:	December 13, 2010, 04:45:41 PM

비트코인, 어디에서 쓸 수 있나요?

전 세계적으로 비트코인을 받는 가맹점 수는 상당히 많습니다. http://coinmap.org의 정보에 따르면 현재(2017년) 오프라인 가맹점 수는 전 세계에 9805개입니다.

비트코인 초창기에는 암호화 화폐에 대한 미래 비전과 흥분으로 결제가 가능한 곳이 급속도로 증가했습니다. 글로벌 페이먼츠Global Payments Inc, 세계 1위 PC업체인 DELL, 모바일 전용 기프트 카드를 판매하는 Gyft사www.gyft.com, 미국의 유명한 소셜 게임 회사인 징가Zynga 등에서 비트코인으로 결제를 하려는 시도들이 있었으나 그리 큰 호응을 얻지 못했습니다. 실제로 사용하는 데는 다음과 같은 제약이 있습니다.

▍ 현재 비트코인을 사용할 수 있는 곳

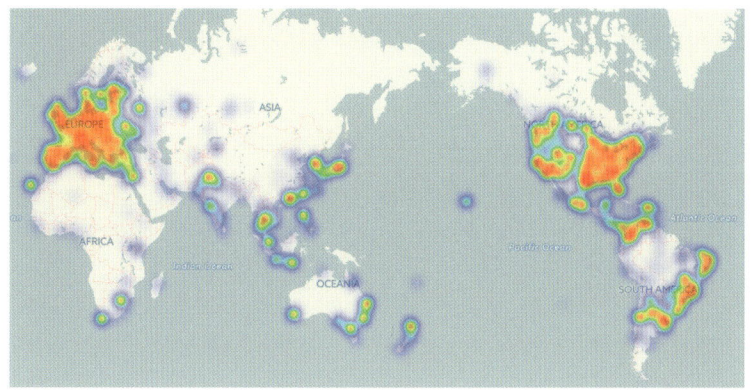

출처: www.coinmap.org

- 비트코인 가격이 상승하여 전송 수수료가 소액 거래에는 적합하지 않습니다.
- 비트코인 활성화로 많은 전송이 발생하면서 전송을 완료하는 데 시간이 오래 걸리는 경우가 발생합니다.
- 다른 결제 수단에 비해 실생활에의 접근성이 부족합니다.

하지만 다음과 같은 장점이 있습니다.

- 국제간 송금 시 수수료가 굉장히 저렴하고, 국내외 동일하게 전송 수수료가 발생합니다.
- 금융 네트워크가 발달하지 못한 지역에서의 지불, 저장 수단으로서 용이합니다.

초기에는 비트코인의 신기술에 심취해서 세계 각지에 ATM 등 여러 지불 수단들이 발생을 하였습니다. 하지만, 로컬/글로벌 지불 네트워크를 구축한 VISA, MASTER 등의 각종 카드 서비스에 비해 우월한 부분이 부족하여 결제 시장에서의 지불 용도로서의 기능은 발전하지 못했습니다. 하지만, 국제간 송금에는 비할 바 없는 큰 장점이 있기 때문에 비트코인은 대장주로서 큰 금액의 국제 전송이나 저장 용도로 사용이 되고 소액 결제나 지역 화폐에는 로컬 코인이 그 자리를 차지할 것으로 보입니다.

비트코인은
어디서 사고팔 수 있나요?

　비트코인을 사고파는 방법은 크게 개인 간 직거래, 환전소를 통한 매입/매도와 거래소를 통한 매매의 방법이 있습니다.

　개인 간 직거래는 아직 비트코인 거래소가 활성화되기 전의 초보 단계입니다. 아직 거래소가 활성화되지 않은 다른 국가에서 사용되는 방법입니다. 비트코인은 그 자체가 익명성의 특징이 있으므로 아무래도 개인 간 직거래는 위험 부담을 감수해야 한다는 단점이 있습니다.

　비트코인 환전소는 정해진 가격에 따라 비트코인을 매입, 매도하는 것으로 환전소와 개인 사이에서의 거래입니다. 명동의 외화 환전소를 생각하면 됩니다. 가격 흥정은 없으며 정해진 가격대로만 사고팝니다.

거래소는 수많은 개인이 모여서 발생하는 개인들끼리의 거래를 위해 중간에서 거래 시스템만 제공합니다. 실제 거래는 각 개인들 사이에서 이루어지는 것입니다. 세계 각 지역마다 거래소가 있어 각국의 비트코인 거래를 중개하고 있습니다.

세계에서 비트코인 거래소로 가장 최초로 문을 연 곳은 마운트곡

암호 화폐 거래소, 코빗과 코인원

코빗(www.korbit.co.kr)은 국내 최초의 비트코인 거래소로 시작해 현재는 국내 3대 암호 화폐 거래소로 불릴 만큼 빠르게 성장했습니다. 코빗은 소프트뱅크벤처스와 실리콘밸리의 유명 벤처캐피탈이 투자하면서 더욱 화제가 된 곳이기도 합니다. 관련 업계 중에서 가장 오래된 거래소 운영 경험과 수년에 걸친 노하우로 안정적인 서비스를 제공하는 것이 특징입니다.

코인원(www.coinone.co.kr) 거래소는 세계 거래량 약 5위권으로, 깔끔한 UI와 프로차트, 그리고 실시간 채팅이 특징입니다. 2014년 8월 25일 문을 열었으며 국내 최초로 이더리움과 이더리움 클래식을 상장해 주목을 받았습니다. PC와 모바일 웹을 통해 접근할 수 있으며, 회원 가입과 전자 지갑 생성이 편리합니다. 그렇지만 최초 현금 입금 시 72시간 동안 암호 화폐 거래가 불가능하며, 이후 전화 인증을 해야 암호 화폐 거래 등이 가능해집니다. 현재 국내 최초로 다중 서명 지갑 적용, 사이버 배상 책임 보험 계약 체결 등 안전을 위해 최선을 다하고 있습니다.

스MtGox로 일본에 존재하는 회사였습니다. 하지만 불법적인 비트코인 유출로 지금은 사이트가 폐쇄된 상태입니다. 현재 세계에서 가장 활발히 거래가 발생하고 있는 곳으로는 폴로닉스Poloniex, 비트파이넥스Bitfinex, 크라켄Kraken, 오케이코인OKcoin.cn, 후오비Huob 등이 있습니다.

우리나라에서는 코빗, 코인원 등 암호 화폐 거래소를 통해서 비트코인 및 다양한 코인을 일반 PC나 스마트폰 앱을 이용해 거래할 수 있습니다.

비트코인이 익명성을 가진다고는 하지만 거래소에서 거래하려면 금융·은행에 준하는 본인 인증을 거칩니다. 우리나라 거래소는 본인 확인을 거쳐야 출금이 가능하며, 폴로닉스나 비트파이넥스도 비트코인을 출금하려면 영문 거주지 증명서와 여권을 필수로 제출해야 합니다.

비트코인 가격은
어떻게 정해지나요?

비트코인 가격을 누군가가 정하는 것은 아닙니다. 비트코인이 미래로 가면서 더 큰 가치를 가질 것으로 생각하는 사람이 많아질수록 가격이 올라가고 가치가 이것보다는 줄어들 것 같다고 생각하는 사람이 많아질수록 가격은 내려갑니다. 비트코인으로 한국 원화나 미국 달러로 지급 보증을 해주는 사람이나 단체는 없습니다. 철저하게 각국의 거래소에서 사고파는 사람들에 의해 결정됩니다.

지금까지의 코인 가치는 계속 변동했습니다. 비트코인이 처음에 나타났을 때는 0의 가치였다가 꾸준히 올라서 2010년에는 5000BTC에 피자 한 판 정도로 가치가 올랐습니다.

그 이후 가치가 소폭 진동하다가 여러 사건을 거치면서 가격이 급

비트코인으로 하는 피자 구매

Pizza Day!-http://bitcointalk.org/index.php?topic=137.0
Title: Pizza for bitcoins?
Date: May 18, 2010, 12:35:20 AM
I'll pay 10,000 bitcoins for a couple of pizzas. like maybe 2 large ones so I have some left over for the next day.

라지 사이즈의 피자 2판을 보내주면 1만 비트코인을 지불하겠다는 내용의 글이었습니다. 당시 1만 비트코인은 41달러에 해당하는 금액이었고 피자값은 30달러면 충분했습니다.

다음은 비트코인으로 피자를 거래했다는 것을 인증하는 사진입니다. 이 사건 이후로 비트코인의 가격이 빠르게 오르기 시작합니다. 사람들은 가격이 오를 때마다 이 게시물에 찾아와 피자의 가격을 재환산해서 댓글을 남겼습니다. "와우~ 600달러짜리 피자네요!" 2014년 1만 비트코인의 가격은 약 40억 원이었습니다.

이 유명한 일화 이후에 Bitcointalk에서는 5월 22일을 'Bitcoin Pizza Day'라고 부르며 1만 비트코인의 피자 거래를 기념했습니다.

등락하게 됩니다.

　최초로 결정적으로 비트코인이 유명해진 것은 키프로스라는 지중해의 섬나라 때문입니다. 이곳은 인구가 약 80만 명인 작은 섬나라입니다. 키프로스는 경제 위기로 금융 위기에 빠져서 구제 금융을 받게 되는데 국제통화기금(International Monetary Fund, IMF)에서는 구제 금융의 조건으로 키프로스에서 은행 예금 일부분을 징수하라는 명령을 내리게 됩니다. 문제는 이 예금의 30%가량이 러시아에서 흘러들어 온 자금이라는 것이었습니다.

　돈을 벌려고 투자했는데 눈뜨고 돈을 빼앗기게 생겼으니 가만히 있지 않겠지요? 어떻게든 그 자금이 빠져나가려고 하다 보니 나갈 곳을 못 찾은 자금이 비트코인으로 흘러들어 오게 되었습니다. 너도나도 비트코인으로 조금이라도 건지려는 사람이 생기다 보니 이 시기에 비트코인의 가격은 한두 달 만에 1비트코인당 13달러에서 최대 266달러까지 치솟았습니다. 이때 세계인의 이목이 비트코인에 쏠리게 되고 그 존재를 알리게 되는 계기가 되었습니다.

　두 번째로 세계인에게 비트코인을 알리게 된 계기는 2013년 10월 미국 FBI의 실크로드 전격 압수 및 체포 사건입니다. 불법적이고 음성적인 거래를 하는 특성 탓에 거래 내역을 남기지 않고 익명을 원하는 사람이 많았습니다. 비트코인을 이용하면 추적을 피할 수 있다는 생각들 덕분에 음성 거래로 비트코인이 사용되었습니다. 실크로드의 압수로 비트코인은 위기를 맞는 것처럼 보였지만 오히려 비트코인을 전 세계에 더 널리 알리는 계기가 되었습니다.

이후 가격이 폭등해서 99.4달러에서 두 달 만에 1242달러까지 치솟게 됩니다. 그리고 이때 FBI에서 압류한 비트코인의 일부인 3만 비트코인이 미국의 유명한 벤처 투자가 팀 드레이퍼에게 낙찰되었습니다. 총 낙찰 금액은 1900만 달러, 한화로 약 190억 원에 해당하는 금액입니다.

2013년 11월 미국 연방준비제도이사회(Federal Reserve Board of Governors, FRB)의 벤 버냉키 Ben Shalom Bernanke 의장의 비트코인에 대한 긍정적인 코멘트가 이어지고, 독일에서는 비트코인을 화폐로 인정하여 과세 방안을 마련하는 등 긍정적인 암호화 화폐의 미래를 그려 나가면서 많은 관심을 받게 되고 가격이 폭등하게 됩니다.

그러나 이후 중국 은행권의 공식적인 비트코인 업무 공조 자제, 중국 최대 쇼핑몰 타오바오(淘宝网, world.taobao.com)의 비트코인 관련 물품 판매 금지, 러시아의 공식적인 비트코인 불법 규정, 2014년 초반의 마운트곡스의 비트코인 출금 정지 사태로 비트코인의 가치는 한 차례 급락했습니다. 2015년 최저 162달러까지 하락하더니 429.02달러로 2015년을 마감합니다.

이후 블록체인 기술이 재조명을 받기 시작하여 2016년부터 가격이 올라가더니 2017년 9월에는 4970달러까지 치솟았습니다.

비트코인 거래소 가격 차트

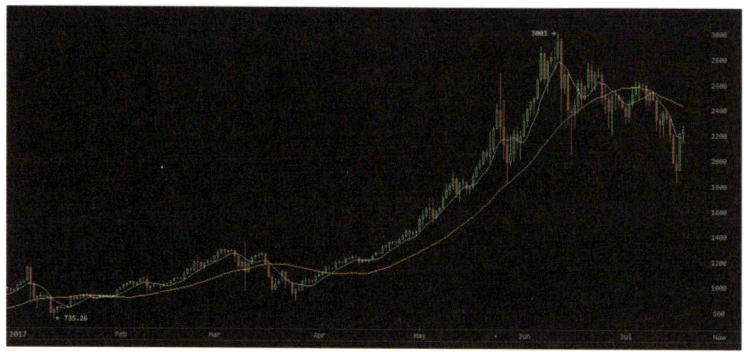

출처: www.bitfinex.com

마운트곡스의 비트코인 출금 정지 사태

마운트곡스는 2014년 2월 6일 예고 없이 모든 회원의 비트코인과 USD의 출금을 정지했는데 그 여파로 800달러에서 600달러 부근까지 폭락하게 됩니다. 마운트곡스 측에서는 비트코인 시스템 자체의 문제점으로 이중 출금(정상적인 방법으로 출금한 후 출금을 받지 않은 것처럼 데이터를 변조하는 방식으로 다시 자동으로 부정 출금을 받는 것)으로 인해 보유한 모든 코인이 사라졌다고 주장하고 있습니다.

하지만 이 주장에는 모순이 있습니다.

첫째, 이중 출금으로 인해 실질적으로 발생할 수 있는 손해의 양은 극히 미미합니다. 전체 회원 중에서 일부 회원들이 실제로 부정적인 방법을 통해 출금한다 해도 전체 회원의 일부에 지나지 않습니다.

둘째, 60만 코인의 예치금을 가지고 있는 회사가 2년여 간 그 사실을 몰랐다는 것입니다. 보통의 회사나 은행이 그러하듯 상식적인 선에서 일 결산·월결산을 통해 최고경영자가 자신의 자산 상태를 확인했다면 이렇게 거의 모든 코인이 사라지는 일은 없을 것입니다.

셋째, 코인뿐 아니라 은행에 예치된 USD 외화 예금에도 손실이 발생했다는 것입니다.

위의 3가지에서 추정컨대 마운트곡스는 비트코인 시스템 자체의 문제점은 없으며 이 회사 자체의 검증·경보 시스템의 부재 혹은 경영진의 도덕적 해이 문제로 볼 수 있을 것 같습니다. 이 사태에서 알 수 있는 것은 비트코인이 아직 화폐·재물로 법적인 지위를 확보하지 못해 국가, 금융 당국의 엄격한 관리 감독을 받지 않아 일개 회사의 도덕성에 따라 심각하게 타격을 입을 수 있다는 점입니다.

이후 일본에서 비트코인 및 암호화 화폐에 대한 법제화가 진행되어 안전한 거래를 위한 환경이 폭넓게 조성되었습니다.

리치리스트가 무엇인가요?

비트코인은 블록체인이라는 공개 장부를 가지고 있습니다. 이 블록체인에는 모든 주소의 거래 내역이 모두 들어 있습니다. 물론 그 주소를 누가 보유했는지를 알 수는 없습니다. 그래서 이 블록체인을 분석하면 어떤 지갑 주소에 가장 많은 코인이 들어 있는지를 계산할 수 있는데, 이 주소 중에서 비트코인이 많이 들어 있는 주소들의 리스트를 산출하는데 이를 리치리스트$_{Richlist}$라고 부릅니다.

이 리치리스트는 http://bitcoinrichlist.com/top100에서 확인할 수 있습니다. 현재 지갑 주소 1위는 '1JCe8z4jJVNXSjohjM4i9Hh813dLCNx2Sy'이고 이 지갑에는 124,178BTC가 들어 있습니다. 대략 2억 7728만 달러인데 한화로는 3113억 원 정도 되는 액수입니다.

정말 무시무시한 규모입니다. 100위에 해당하는 지갑 주소에는 1만 BTC가 저장되어 있습니다. 현재까지 발행된 모든 비트코인의 합은 16,441,405BTC입니다. 상위 100위에 해당하는 지갑의 잔고 합은 2,945,090BTC이므로 전체 양의 17.91%가량이 저장되어 있습니다. 어디를 가나 부의 편중은 마찬가지입니다. 상위 1000개의 지갑에는 5,757,591BTC가 저장되어 있고 상위 전체 총액의 34.99%를 차지하고 있습니다.

상위 1위의 지갑 주소 '1JCe8z4jJVNXSjohjM4i9Hh813dLCNx2Sy'의 전송 내역을 보면 2016년 8월 23일에 생성이 되었고 꾸준하게 큰 금액이 입금이 되는 것으로 보아 어떤 거래소의 콜드월렛Coldwallet

순위	주소	Volume	금액
1	1JCe8z4jJVNXSjohjM4i9Hh813dLCNx2Sy	124,178BTC	3,113억 원
2	3D2oetdNuZUqQHPJmcMDDHYoqkyNVsFk9r	115,207BTC	2,888억 원
3	3Nxwenay9Z8Lc9JBiywExpnEFiLp6Afp8v	107,843BTC	2,704억 원
4	1FeexV6bAHb8ybZjqQMjJrcCrHGW9sb6uF	79,957BTC	2,005억 원
5	1HQ3Go3ggs8pFnXuHVHRytPCq5fGG8Hbhx	69,370BTC	1,739억 원
6	16ZbpCEyVVdqu8VycWR8thUL2Rd9JnjzHt	66,650BTC	1,671억 원
7	1KiVwxEuGBYavyKrxkLncJt2pQ5YUUQX7f	66,583BTC	1,669억 원
8	1PnMfRF2enSZnR6JSexxBHuQnxG8Vo5FVK	66,452BTC	1,666억 원
9	1AhTjUMztCihiTyA4K6E3QEpobjWLwKhkR	66,378BTC	1,664억 원
10	1DiHDQMPFu4p84rkLn6Majj2LCZZZRQUaa	66,235BTC	1,660억 원

더 자세한 리치리스트가 궁금하면 http://bitcoinrichlist.com을 방문해보세요.

일 확률이 높아 보입니다. 예전에는 비트스탬프(Bitstamp, www.bitstamp.com)의 거래소 콜드월렛이 1위를 차지한 적도 있었습니다. 하지만 이 책이 출판될 때쯤에는 1위 주소가 새롭게 바뀌어 있을 수도 있습니다.

비트코인의 단위는
어떻게 되나요?

비트코인의 기본 단위는 BTC입니다. 하지만 비트코인은 소수점 자리까지 단위를 만들어두었으며 소수점 8자리까지 사용하고 있습니다. 비트코인의 최소 단위는 비트코인의 개발자 사토시 나카모토의 이름에서 따온 0.00000001BTC=1satoshi라고 부릅니다.

비트코인의 총 발행량은 2,099만 9999.9769BTC입니다. 대략 2100만 BTC입니다. 만일 1BTC에 1원이라면 약 2100만 원밖에 되지 않는 금액입니다. 이 정도 금액으로는 통화로서의 기능을 하지 못합니다. 너무 금액이 적기 때문이지요. 지금 대략 1BTC에 2000달러 정도 합니다. 그러므로 달러 환산 발행 총액은 420억 달러, 한화로 47조 원에 이릅니다. 1BTC당 가격이 계속 증가한다면 달러 환산

Abbreviation	Pronunciation	Decimal(BTC)
비트코인 총량 – ddengle.com		20999999.9769
MBTC	megabitcoin	1000000
kBTC	kilobitcoin	1000
hBTC	hectobitcoin	100
deBTC	decabitcoin	10
BTC	bitcoin	1
dBTC	decibitcoin	0.1
cBTC	centibitcoin	0.01
mBTC	millibitcoin	0.001
μBTC	microbitcoin	0.000001
	satoshi	0.00000001

발행 총액은 더욱 커지고 통화량은 더욱 증가할 수 있습니다. 하지만 1BTC당 가격이 올라갈수록 실제 사용하는 단위는 점점 더 작아지는 문제점이 있습니다. 1BTC에 200만 원이라면 1000원어치 비트코인을 보낸다면 0.0005BTC를 보내야 합니다. 소수점 단위가 너무 작아지면 사용하기 불편한 단점이 있습니다.

그래서 BTC가 아니라 mBTC 혹은 satoshi 단위도 사용하고 있습니다. 0.001BTC=1mBTC이므로 0.0005BTC=0.5mBTC=50,000 satoshi입니다. 이렇게 비트코인에서 소수점 8자리를 사용하면서 또 소수점마다 이름을 미리 정해둔 것은 가격이 올라갈 때를 대비해 확장성을 준비해둔 것입니다.

비트코인은
얼마나 발행되었나요?

　비트코인의 특징은 발행량이 미리 정해져 있다는 것입니다. 비트코인의 총 발행량은 2100만 BTC입니다. 이 코인은 블록을 생성한 채굴자들에게 보상으로 지급되며 일정한 규칙에 따라 지급되는 코인이 점차 감소합니다.

　2009년에 최초로 발행이 시작되어 초기에는 10분에 50코인씩 발행되었습니다. 이 최초 4년간 모두 1050만 BTC가 발행되었습니다. 2013년부터는 10분에 25코인씩 발행량이 줄어들었으며 2017년에는 12.5코인으로 발행량이 줄어듭니다. 이후 시간이 지나면서 발행량은 이전 시기의 절반씩 계속 줄어들어 2140년에는 코인 발행이 완전히 중단되었습니다. 현재 1644만 개 정도 발행된 상태이며

2140년에 발행을 완전히 종료하면 최종적으로 2100만 개 정도가 됩니다. 이렇게 발행량은 미리 프로그램 되어 있으며 이 양은 외부에서 임의로 변경할 수 없습니다. 그래서 인플레이션에 의한 화폐 가치의 절하는 걱정할 필요가 없습니다.

▌ 비트코인 총 발행량

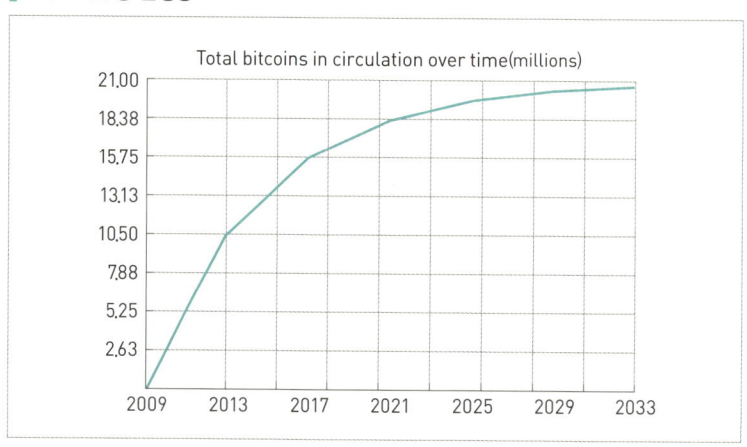

비트코인의 발행이 종료되면 채굴할 필요가 없어지나요?

그렇지 않습니다. 비트코인의 핵심은 블록체인이며 블록체인 그 자체가 비트코인이자 보안입니다. 채굴이라는 작업을 계속 유지해야 블록체인이 계속 생성됩니다. 누군가는 끊임없이 PC를 이용해서 채굴을 계속 진행해야 합니다.

채굴하는 데는 PC 장비가 필요하고 또 많은 전기 에너지가 필요합니다. 그렇기에 이에 대한 보상으로 채굴에 참여하는 PC에 대해 10분에 12.5코인이라는 대가가 보상으로 주어집니다. 물론 모든 PC가 12.5코인을 받는 것은 아닙니다. 현재는 12.5코인을 주므로 많은 PC가 채굴에 참여하고 있습니다. 그렇지만 만약 채굴이 모두 종료된다면, 혹은 채굴되는 양이 점차 줄어서 10분마다 지급되는 코인의 양이 매우 적어진다면 어떻게 될까요? 이렇게 되면 비싼 전기 요금을 내가며 채굴에 참여할 PC들이 줄어들지 않을까요? 그렇게 되면 블록체인이 생성되지 않고 그만큼 보안성이 떨어질 것입니다.

이를 방지하기 위해 고안한 것이 바로 이체 수수료Transaction fee 입니다. 비트코인을 전송하려면 이체 수수료라는 것을 지불해야 하는데 이 이체 수수료가 10분에 1번씩 생성되는 비트코인에 추가로 덧붙여서 채굴하는 PC들에 지급됩니다. 방금 10분 전에 생성된 블록에서 발생한 이체 수수료는 모두 0.49012941BTC입니다. 기존에 지급되는 12.5BTC에 덧붙여서 총 12.99012941BTC가 보상으로 지급된 것입니다.

비트코인의 전송이 많아지면서 이체 수수료는 점차 늘어나고 있습니다. 이체 수수료는 경쟁 방식이므로 더 높은 이체 수수료를 내는 전송이 더 빨리 갑니다. 비트코인이 국제간 거래에서 광범위하게 사용된다면 이체 수수료의 총량이 계속해서 증가하고 채굴자들에게 지급될 비트코인은 계속 발생합니다.

비트코인이 기존의 화폐 시스템과는 무엇이 다르죠?

첫째, 특정한 발행 주체가 존재하지 않습니다. 어느 국가도, 어느 정부도, 어느 중앙은행이나 기관 또는 회사도 비트코인의 발행에 관여하지 않고, 오직 네트워크에 참여한 개개의 PC들을 통해 코인이 생성됩니다. 외부의 국가나 기관, 단체에서 자신들의 사정이나 필요에 따라 개입할 여지가 차단되어 있다는 것입니다.

둘째, 발행량이 정해져 있습니다. 비트코인은 2140년까지 모두 2100만 개가 발행되도록 프로그램되어 있습니다. 현재 약 1600만 개가 발행되었는데 이러한 발행량도 순차적으로 미리 예정되어 있고 외부에서 이를 조정할 수 없습니다. 화폐의 지속적 발행에 뒤따르는 인플레이션에 의한 화폐 가치의 절하는 걱정할 필요가 없다는 것입니다.

　셋째, 익명성의 활용이 가능합니다. 비트코인 주소에는 사용자에 대한 정보가 들어 있지 않습니다. 비트코인 지갑을 PC에서 혹은 스마트폰에서 실행하는 순간 무작위로 지갑 주소가 만들어집니다. 이 주소는 누군가에게서 받는 것이 아니라 내 PC에서 자동 생성해서 사용하는 것이기 때문에 누구도 내가 이 주소를 사용하는지 알 수 없습니다. 게다가 사용자는 지갑의 주소를 자신이 원한다면 거의 무제한으로 만들 수 있으므로 자신이 어떤 지갑 주소를 사용하는지 타인에게 완전한 비밀로 할 수 있습니다. 다만 해당 지갑으로 거래·접속 기록이 저장되는 거래소를 사용하거나 기록이 저장되는 타인과 전송하는 경우에는 어느 정도 파악이 가능하고 지갑 주소가 노출되면 해당 지갑을 시작으로 모든 거래 내역 또한 동시에 노출됩니다.

　넷째, 물리적인 한계를 벗어납니다. 기존의 화폐는 중앙은행이나 상업은행이 존재해서 금융 네트워크를 움직입니다. 모든 정보는 집중되고 중앙 집중화됩니다. 그리고 기존의 금융 시스템을 이용하려면 금융 시스템에 접근할 수 있어야 하고 이 금융 시스템은 국가마다 다릅니다. 은행이 없는 지역에서는 계좌를 만들 수 없으므로 은행을 통한 계좌 생성 및 입출금, 전송 등의 업무가 불가능합니다. 혹은 다른 국가에 가는 경우에는 해당 국가에서 통용되는 계좌가 없다면 기존의 금융 네트워크로의 접근이 불가능합니다.

이에 반해 비트코인은 각각의 PC들이 모두 은행입니다. 각각의 PC들이 모두 거래 장부에 해당하는 블록체인이라는 것을 이용해서 서로서로 검증하며 각자가 비트코인의 전송을 중개합니다. 그리고 누구든 비트코인을 이용해서 자신의 지갑을 생성하고 새로운 지갑 주소를 생성할 수 있습니다. 각각의 개개인이 모두 은행이 되는 것입니다.

이런 특징으로 국가가 달라지거나 사용하는 통화가 달라지더라도 혹은 은행이 존재하지 않더라도 네트워크만 연결할 수 있다면 언제든지 비트코인을 이용할 수 있습니다. 은행이 없거나 은행을 사용하기 어려운 아프리카의 어느 지역에서 비트코인을 이용한 거래를 실현하려는 움직임도 있습니다.

여기까지 정독한 독자들에게도 비트코인이란 개념은 여전히 낯설 것입니다. '뭐야, 그럼 옛날에 쓰던 도토리나 게임 머니랑 비슷한 거야?'라는 반응은 비트코인의 개념을 처음 접하는 사람들이 가장 흔히 보여주는 것입니다. 조금 더 아는 사람이라면 '뭐야, 이거 옛날 튤립 파동하고 비슷한 거 아냐?' 하는 반응을 보일 것입니다.

예전에 벌어졌던 튤립 파동 같은 지독한 투기가 아니냐는 질문에는 명확하게 대답하기가 어렵습니다. 거의 공짜로 캐냈었고 초기에는 1만 비트코인이 피자 2판과 교환되었던 과거가 있는데, 그러한 것이 현재 1코인에 몇 백만 원을 넘나들고 있으니 이는 지나친 가치의 고평가이고 투기라고 생각해도 전혀 이상하지 않습니다.

하지만 그럼에도 비트코인에 대해 설명하고 있는 이유는 단 하나, 바로 비트코인으로 인한 새로운 세상에 대한 가능성 때문입니다. 비트코인의 블록체인 시스템을 이용해서 단순히 비트코인을 보내는 것뿐 아니라 각종 인증 절차를 블록체인 안에 넣을 수도 있습니다. 키프로스의 한 대학에서는 과목 수료증을 비트코인 블록체인에 포함시키는 것에 성공했습니다. 최근 한국에서는 실손 보험의 처리를 하려고 블록체인을 이용하는 사업이 진행되기도 했습니다. 이처럼 비트코인의 블록체인이라는 거대한 장부를 이용해서 모두에게 인정받을 수 있는 강력한 공증 장부로서의 역할을 수행할 수도 있습니다.

우리가 눈여겨보아야 할 것은 암호화 화폐로서의 비트코인이 아니라 비트코인으로 대표되는 '암호화 화폐 시스템'입니다. 블록체인 시스템이 우리가 사는 세상에 어떤 변화를 가져다줄지는 아직 모릅니다. 이 책을 읽는 분들이 조금이나마 영감을 얻어 변화된 세상을 남보다 한발 앞서서 나아가는 데 조그만 도움이 되기를 바랍니다.

튤립 파동

역사상 최초의 자본주의 버블에 대한 것으로 유명합니다. 17세기에 네덜란드는 전 세계적인 무역으로 유럽에서 가장 부유한 국가 중 하나였으며 국민 소득 또한 굉장히 높았습니다. 이로 인해 과잉된 부가 투자+과시의 목적으로 튤립에 대한 투기가 발생하게 된 것입니다. 당시의 상위층뿐 아니라 일반인들 사이에서도 튤립에 대한 투기가 늘어 튤립의 가격이 비정상적으로 증가하여 튤립의 알뿌리 하나로 집 1채를 살 수 있을 정도까지 가격이 치솟았습니다. 하지만 어느 순간 가격이 하락세로 반전하면서 사겠다는 사람은 자취를 감추고 팔겠다는 사람만 넘쳐나면서 거품은 터지고 튤립의 가격은 원래대로 돌아왔습니다.

튤립 파동은 남해 거품 사건(잉글랜드), 미시시피 계획(프랑스)과 함께 근대 유럽의 '3대 버블'로 꼽힙니다.

비트코인의 전송 시스템이 가지는 의미는 무엇인가요?

우리가 사는 세상은 돈으로 굴러갑니다. 그런데 이 돈이 굴러다니는 데도 돈이 듭니다. 10만 원을 결제할 일이 있다고 가정해보겠습니다.

마트에서 신용 카드로 10만 원을 결제하면 그중 1% 정도인 약 1000원을 신용 카드사가 수수료 명목으로 가져갑니다. 미용실에서 10만 원짜리 파마를 하면 이 수수료가 2500원 정도로 늘어납니다. 스마트폰 소액 결제로 10만 원을 사용하면 수수료가 약 8000원 정도로 늘어납니다. G마켓이나 11번가 등에서 10만 원짜리 물건을 팔 때는 신용 카드 수수료 3% 외에 업체 측에 8~10%의 수수료를 지불해야 합니다. 스마트폰으로 구글이나 애플의 앱스토어에서 10만 원을 결제하면 그 수수료만 30%에 달합니다. 그런데 비트코인이라는 시스템은 이러한 기존의 수수료 체계에 충격을 줍니다.

비트코인은 태생적으로 화폐 기능과 동시에 결제 기능을 내포하고 있습니다. 이른바 페이니(Payney=Payment+Money)라고 부를 수 있겠습니다.

> Payney=Payment+Money
> 페이니=결제 기능+머니

비트코인은 그 거래에서 다른 모든 외부의 결제 체계를 불필요한 것으로 만듭니다. 비트코인은 체크 카드와 그 결제 단말기를 동시에 가지고 다니는 것과 동일하며 자동 환전은 덤으로 주어지는 선물입니다. 수수료는 그동안 다른 어떤 시스템에서 취하던 것보다 월등히 적습니다.

여러분이 수많은 일반인을 상대로 장사해 먹고사는 자영업자의 입장이라고 생각해보세요. 업종이 무엇이든 원재료비 내고, 인건비 지출하고, 임대비 지불하고 나면 보통 매출액 대비 10~30% 사이의 순수익을 얻게 됩니다. 이 10~30%의 마진에서 카드 수수료 3%가 차지하는 비중은 약 10~33%에 이르게 됩니다. 여러분이 결제 수단을 바꾸거나 비트코인을 결제 수단으로 포함시키는 것만으로 마진의 10~30%에 이르는 수익을 추가로 손에 쥘 수 있습니다. 환금성만 충분하다면 굳이 결제를 받지 않을 이유가 없습니다.

비트코인 또는 암호화 화폐의 진정한 가치가 바로 여기에 있습니다. 단순히 지금 사두면 10만 원이 100만 원이 되어서 나를 부자로 만들어주는 것이 아니라 그 자체로 결제가 가능한 이 시스템에 있습니다. 그럼으로써 통화의 유통을 장악한 일부 소수만을 위한 이익이 대중에게 퍼뜨려지는 것에 그 핵심이 있습니다.

비트코인 자체는 실패할 수도 있습니다. 몇 년 뒤에 지금의 우리가 옛날의 '튤립 파동'을 언급하는 것처럼 잔혹한 거품의 상처만을 세상에 남기고 사라져버릴 수도 있습니다. 하지만 비트코인이 세상에 던진 암호화 화폐 체계의 우수함과 장점은 이미 그것을 사용해 본 사람들에게 다시금 그와 같은 것을 찾게 만들 것이고 제2, 제3의 비트코인은 계속하여 나올 것입니다. 몇 세대가 지난 뒤 우리의 후손들은 지폐라는 존재를 잊을지도 모르겠습니다. 대부분의 우리가 금화를 한 번도 본 적이 없는 것처럼.

이러한 상황에서도 자신들의 밥그릇 혹은 기존의 질서가 흔들릴 것을 우려한 많은 이들이 비트코인을 삐딱한 눈으로 바라보는 것은 어쩌면 당연한 세상의 이치라고도 할 수 있겠습니다. 하지만 어떠한 역풍이 불어오더라도 비트코인으로 대변되는 암호화 화폐 시스템은 살아남을 것입니다. 그리고 기존의 시스템을 점차 대체해 나갈 것입니다. 이미 그 과정에 들어가기 위해 전 세계에 블록체인에 대한 벤처 투자가 이어지고 있으며 유수의 대기업들도 앞을 다투어 참여하고 있습니다.

화폐의 시작에서 비트코인까지

태평양의 남서쪽에는 필리핀부터 하와이까지 미크로네시아라고 부르는 2203개의 작은 섬들이 점점이 흩뿌려져 있습니다. 그중의 캐롤라인 군도에는 얍Yap이라고 부르는 섬이 있습니다. 1900년 당시로 거슬러 올라가 보면 독일의 식민지였으며 인구는 5000~6000명 정도로 우리나라의 2000세대쯤 되는 아파트 단지 하나 정도의 사람이 살고 있었습니다.

1903년에 미국의 인류학자 윌리엄 헨리 퍼니스 3세는 몇 달간 그 섬에 살면서 섬 주민들의 생활상과 풍습 등에 관한 책을 썼습니다. 특히 섬사람Yapian들의 독특한 화폐 제도에 주목하여 출간한 책의 제목을 《돌 화폐의 섬》(1910)이라고 붙였습니다.

아담 스미스(Adam Smith, 1723~1790)나 데이비드 리카르도(David Riardo, 1772~1823)를 들어본 적도 없었을 순박한 얍 섬 주민들은 노동이야말로 교환의 매개 수단 역할을 하며 진정한 가치의 기준이 된다고 생각했다. 이러한 가치 교환의 매개 수단은 유형이어야 했고, 견고한 내구성도 지녀야 했다. 하지만 그들의 섬에는 금속이 없었으므로 돌을 돈으로 사용해야 했다. 문명화된 사회에서 주조되는 동전처럼, 노동이 투여되고 예쁘게 다듬어진 돌은 훌륭한 노동의 상징이었다.

자신들의 교환 매개 수단을 페이fei라고 불렀다. 페이는 크고 단단하며 두꺼운 돌 바퀴로 되어 있는데 이 돌 바퀴의 지름은 약 30cm~4m까지 달했고, 한가운데 다양한 크기의 구멍이 있어서 충분히 크고 단단한 막대기를 집어넣어 돌 바퀴의 무게를 견디고 운반할 수 있었다. 이러한 돌 '동전'은 섬에서 560km가량 떨어진 바베투왑이라는 이름의 섬에서 발견되는 석회석으로 만들어진다고 한다. 돌 동전들은 그곳에서 채석되고 가공된 다음 카누와 뗏목에 실려 원주민 뱃사람들에 의해서 이름처럼 광대한 태평양을 건너 얍 섬으로 운반되었다.

이렇게 생산된 돌 화폐는 물고기를 잡는 것이나 집을 짓는 것과 동일하게 생산력과 부富를 나타내는 증거였다.

이러한 돌 화폐의 주목할 만한 특징 중 하나는 그것의 주인이 자기 소유물이라는 표시를 나타내려고 노력할 필요가 없다는 것이다. 페이를 운반하기 곤란할 정도의 커다란 규모의 거래를 맺은 다음, 새 주인은 그 돌에 어떠한 자신의 표시나 마크도 하지 않고 그저 그 돌이 자기 것이라는 단순한 인정을 얻는 데 만족할 뿐이다. 그 동전은 거래 전 주인의 집 안에 그대로 남는다.

늙은 친구인 파튜마크는 나에게 흥미로운 이야기를 하나 말해주었다.

인근에 사는 모든 사람이 의심할 여지없이 인정하는 가장 큰 재산을 가진 가족에 관한 이야기였다. 여기서 중요한 것은 어느 누구도, 심지어 그 가족조차도 그 재산을 본 적도, 만져본 적도 없다는 것이다. 그 재산은 어마어마한 크기의 페이로 되어 있었는데, 그에 관한 이야기는 전설로만 전해져 내려온다. 왜냐하면 그 돌은 두어 세대 이전에 바다 밑에 가라앉았기 때문이다!

아주 오래전 그 가족의 조상 한 분이 페이를 위한 탐험을 나섰다가 커다랗고 아주 진귀하게 생긴 돌을 발견하고 집으로 가져오려고 뗏목에 실었다. 그러나 도중에 엄청난 폭풍이 몰아쳤고 사람들은 목숨을 구하려고 배에 매달린(바위를 묶어놓은) 줄을 잘라야 했고, 그 커다란 돌은 바닷속으로 사라져버렸다. 무사히 집에 도착한 뒤에, 그들은 가라앉은 페이가 아주 커다랗고 특별한 가치를 가졌다는 것과 그 돌이 바다에 가라앉은 사건에 주인의 잘못은 없다는 것을 모두가 증언했다. 그들의 단순하고 신실한 생각으로는 그 돌이 바닷속으로 빠진 것은 너무 사소한 문제라서 언급할 가치도 없었다. 또한 그 돌이 깊은 바닷속에 가라앉아 있다고 그 가치가 변하는 것도 아니라고 생각했다. 그리하여 야피안들은 그 돌이 인정받을 만한 형태로 쪼아 만들어졌다고 널리 인정하게 되었다. 따라서 그 돌의 구매력은 여전히 그것이 보통 눈에 보이는 형태로 주인집에 서 있는 것처럼 남아 있고, 중세의 구두쇠가 그러모은 금처럼 변함없는 부를 나타냈다.

독일 정부가 스페인으로부터 캐롤라인 군도를 사들여 이 군도의 소유권을 갖게 되었을 당시, 얍 섬에는 바퀴가 달린 운송 기구가 없었고, 수레를 위한 길도 당연히 없었다. 오직 다른 마을 사람들과의 왕래를 위하여 사람들만 다니는 길만 있었을 뿐이다. 이러한 오솔길들을 정비하라고 독일 정부는 각 마을의 촌장들에게 명령했다. 하지만 원주민들은 맨발로 다니는 일이 거의 불편하지 않아서 명령은 여러 차례 지켜지지 않았다. 마침내 독일 정부는 각 마을의 촌장들에게 명령 불복종에 대한 벌금을 부과하기로 했다. 말 안 듣는 이 원주민들에게 어떤 벌금을 매겨야 잘했다고 소문이 날까? 원주민들에게는 금도, 은도 없는데다가 그 거대한 페이를 벌금으로 가져오려면…. 고민 끝에 기발한 생각이 떠올랐다.

그 벌금은 명령을 이행하지 않는 집들마다 관리를 보내 그 집에서 소유하고 있는 가장 값진 페이 몇 개에 십자가를 검게 칠하는 형태로 매겨졌다. 그 페이가 정부에 압류 당했음을 나타낸 것이다. 이 조치는 즉각 효과를 발휘했다. 검은 십자가가 자신의 소중한 페이에 그려짐으로써 처량하게 가난해진 섬 주민들이 섬의 끝에서 끝까지 훌륭한 도로를 닦아내었던 것이다.

그러자 정부는 관리를 다시 파견하여 십자 색칠을 지웠다. 오호라! 벌금은 지불되었고 이제 원주민들은 자신들의 자산을 다시 획득하여 예전의 부를 누리게 되었다.

—《돌 화폐의 섬》, 92~100쪽

이 글을 읽고 난 후 어떤 생각이 들었나요? '뭐 이런 바보 같은 사람들이 다 있어?'이지 않을까요? 하지만 좀 더 자세히 생각해보면 우리네 실상도 얍 섬의 주민들과 그리 다를 바 없다는 것을 느끼게 될 겁니다.

화폐란 무엇인가요?

다음은 얍 섬의 주민이 아닌 바로 우리들의 금융에 관해 이야기 해보겠습니다.

> 1932년 미국이란 나라의 경제 사정이 좋지 않게 흘러갔다. 그러자 고정된 가격의 금본위 제도(금=화폐)가 지켜지지 못할 것을 우려한 프랑스은행Bank of France은 미국의 연방준비은행(Federal Reserve Bank, FRB)에 맡겨둔 달러 자산 대부분을 금으로 바꾸어줄 것을 요구했다. 프랑스은행은 금을 바다 건너 본국으로 운송하는 데 뒤따르는 많은 비용과 도난 우려 등 여러 문제를 피하기 위해 직접 운반 대신 FRB가 금을 프랑스은행 명의로 보관해줄 것을 요청했다. 그 요청에 따라 FRB 직원들은 금 저장실로 가서 프랑스은행이 요청한 양의 금을 별도의 구획에 집어넣고, 그 내용물이 프랑스의 자산임을 나타내는 표식을 붙였다. 그러한 사실을 신문 등 매체를 통해 접한 미국 사람들은 자신들의 금 보유량이 줄어들었다고 느끼게 되었고, 급기야 불안을 느껴 미국의 1930년대 대공황을 촉발하는 계기들 중의 하나가 되었다.
>
> — 밀턴 프리드먼, 《화폐 경제학》(김병주 옮김, 한국경제, 2009)

어떤가요? 위 내용을 읽어보니 사실 우리도 얍 섬의 사람들과 별 차이가 없다고 생각되지 않나요?

FRB 지하 금고의 표식이 바뀌었다고 바뀐 소유권에 불안을 느낀 그 당시 미국 사람들과 돌에 칠한 검은색 십자가 문양 때문에 가난과 박탈감을 느낀 얍 섬의 주민들 사이에는 무슨 차이가 있을까요? 한발 더 나아가 카드 결제 대금과 각종 공과금 등으로 통장에 찍힌 숫자들이 점점 줄어드는 것을 보면서 불안과 압박감을 느끼는 현대의 우리와 야피안(얍 섬사람) 사이에는 어떠한 실제적인 차이가 있는 것일까요?

  야피안들은 자신들이 멀리까지 가서(뗏목을 타고 서울에서 제주도까지 가야 하는 거리니 얼마나 먼 거리였겠습니까? 나침반도 없었을 텐데!) 공들여 캐내고 멋지게 가다듬어 다시 자신들의 섬으로 가져온 돌들을 부副로 보았습니다. 오랜 기간 인류는 지구 곳곳의 산과 계곡에서 땅속 깊이까지 파고 들어가 캐내고, 정련하여 다시 금고 깊숙한 곳에 위치시키는 금金과 은銀이라는 금속을 부副로 보았습니다. 우리는 이 둘의 행동을 미개와 합리란 단어로 차별할 수 있을까요?

  인류의 역사가 증명하는 수많은 예가 있지만 여기에서의 요지는 우리가 살아가는 세상이 노동을 기초로 하는 가치의 저장과 교환에 기반하고, 그러한 시간과 공간을 초월하는 가치의 교환을 우리는 '금융'이라 부르며[1], 얍 섬의 예에서 알 수 있듯이 그 금융이라는 것은 반드시 '법정 화폐'만을 매개로 하는 것이 아니라, 그것이 어떠

---

1 천즈우 지음, 《자본의 전략》, 조경희·한수희 옮김, 에쎄, 2010.

한 외양을 취하든지 그에 대한 사람들의 확고한 믿음이 있다면 금융의 매개체로서의 가치가 있다는 것입니다.[2]

화폐의 진실을 알고 계시나요?

금융이 무엇이고 화폐가 무엇인지 좀 더 자세히 이해하기 위해 간단하게 화폐의 뒷이야기를 알아보겠습니다. 우리가 사용하는 화폐에 대한 진실이 담겨 있어 굉장히 중요합니다.

자급자족

인류 역사의 아주 오랜 기간 동안 인류는 돈이라는 것의 존재와 필요성을 모르고 살았습니다. 자급자족의 생활이었으니 당연하다면 당연한 것이었지요. 내가 필요한 짐승은 내가 잡아먹고 내가 먹어야 하는 곡식은 내가 재배를 해야만 하는 환경에서 돈의 필요성을 느낄 수 있을 리 없었습니다. 하지만 가족이 모여 씨족이 되고, 씨족이 모여 부락이 되면서 곡식이나 가축 등 점점 생산해내는 것들

---

2 윌리엄 헨리스 퍼니 3세(William Henry Furness III) 지음, 《돌 화폐의 섬(The Island of Stone Money)》, 1910.

의 양이 늘어나고, 그러다 보니 먹고 쓰고 남는 것들이 생겨나고, 그러한 잉여 생산물이 점점 축적되어가면서 돈의 싹이 트기 시작했습니다. (우리가 흔히 돈이 모인 것을 표현할 때 쓰는 자본$_{Capital}$이라는 단어는 라틴어의 '머리' 또는 '소의 머리'를 의미하는 'caput'이라는 단어에서 유래되었습니다.)

물물 교환

이러한 잉여 생산물들이 점점 모이고 모이면 나에게는 없는 혹은 내가 필요한 무언가와 바꾸고 싶어 하는 것은 인간의 자연스러운 본성이었을 것입니다. 이로 말미암아 물물 교환이라는 형태가 나타나게 되었습니다. 하지만 서로 간의 필요와 욕구가 다른 상태에서 이러한 물물 교환이 쉬울 리가 없었습니다. 침략과 약탈이 빈번하게 일어나는 상황에서 사람들은 서로를 의심했고 친구보다는 적이 되기 쉬웠습니다. 그랬기에 가장 쉬운 물물 교환은 아마도 서로 간에 이익이 되는 형태였을 것입니다. 내가 쓰고 남은 남이 필요로 하는 것과 남이 쓰고 남은 나에게 필요한 것을 서로 바꾸는 것입니다. 자신들이 가지고 놀다가 질린 장난감들을 주변의 친구들과 쉽게 바꾸는 어린아이들의 물물 교환처럼 말입니다. 이때 물건의 실제 가치가 얼마인지는 교환에 별로 관계가 없습니다. 실제 가치를 측량할 기준도 변변찮았을뿐더러 실제적인 필요성이 무엇보다 우선했습니다.

헤로도투스(Herodotos, B.C.484?~B.C.430?)는 원시적인 형태의 교환을 이렇게 기록했습니다.

> 상선을 타지에 정박시키고 상인은 상륙한다. 상인들은 물건을 진열한 다음 우호의 뜻을 표시하는 것으로 그 자리에서 물러난다. 후에 원주민들이 나타나서 자신들의 물건을 늘어놓고 상대방을 놀라게 하지 않기 위하여 사라진다. 그러면 상인은 다시 돌아와서 상대방의 물건을 조사한다. 만족하지 않으면 자신의 물건의 일부를 가지고 사라진다. 새로운 흥정을 의미한다. 이 같은 흥정은 쌍방의 제안의 균형이 이루어지고, 모두가 만족할 때까지 계속된다. 그러면 거래는 끝난다.
> — 김학은, 《돈의 역사》(학민사, 1994)

거래의 매개 출현

거래가 좀 더 쉬워지려면 무언가의 매개가 필요했습니다. 연장이나 귀금속, 곡식이나 옷감 같은 누구나 인정하는 가치가 있는 표준 상품은 이러한 물물 교환을 두 단계로 나누어 훨씬 거래를 쉽게 합니다.

지구상의 각 문명은 서로 상이한 교환 수단을 발달시켰지만 그 목적은 동일합니다. 태평양의 캐롤라인 군도는 구멍 뚫린 돌 바퀴가, 알래스카에서는 생선이, 동아시아에서는 쌀이, 멕시코에서는 코

▌ 얍 섬의 돌 화폐

출처: www.wondermondo.com

코아 씨가 그러한 표준 상품으로서 현재의 돈에 해당하는 역할을 했습니다.

　이러한 물물 교환의 마지막 시대 즈음에는 전 세계적으로 수많은 표준 상품이 거래의 지불 수단으로 선택되었습니다. 간혹 예외도 있었지만 그러한 표준 상품들은 쌀이나 차(茶)처럼 대부분 바로 실생활에 사용 가능한 것이어서 누군가가 나서서 그 물건의 가치를 보증해 주어야 할 필요성은 없었습니다. 하지만 이러한 표준 상품도 이전의 직접적인 물물 교환의 불편함에서 크게 진일보하기는 했지만 모든 불편함을 해소한 것은 아니었습니다. 이러한 표준 상품들도 대량의 거래에 수반되는 운반이나 보관 등에서 양이 너무 많다거나, 몇 년이 지나면 상한다거나 하는 본질적인 단점을 내포하고 있었습니다. 이러한 상황에서 금속 화폐가 등장하기 시작합니다.

금속 화폐의 등장

금속 화폐는 금과 은의 자연 합금 형태로 기원전 7세기에 중동의 리디아에서 처음 출현했습니다. 하지만 금속 화폐가 지금과 같은 화폐로서 지위를 획득하기 위해서는 험난한 과정을 거쳐야 했습니다.

차나 쌀 등과 달리 금속 화폐는 먹거나 마시는 것처럼 일상생활에 유용하게 쓰이는 것이 아니었습니다. 그래서 금속 화폐를 처음 접하는 사람들의 '이 금속 쪼가리에 대체 무슨 가치가 있는가?'라는 의심 어린 눈길을 떨칠 수 없었습니다. 사람들에게는 금속 화폐가 제아무리 번쩍거려도 그 가치를 판단할 만한 근거나 경험이 전혀 없는 탓에 금속 화폐는 화폐로서 기능을 대부분 만족함에도 초기에는 그것을 발행하는 자의 힘이나 명성에 크게 의존할 수밖에 없었습니다. 그 힘이나 명성으로도 부족하여 초기 금속 화폐 발행자들은 특정한 신의 얼굴이나 신의 상징물을 화폐에 새겨 넣는 방법으로 신의 권위까지 금속 화폐 안으로 끌어들이려 합니다.

이러한 초기의 불신 과정을 거치면서도 금속 화폐는 운반과 보관에의 장점을 배경으로 하여 점점 인류의 생활 속으로 침투하면서 새로운 문제의 싹 또한 함께 자라나기 시작했습니다.

일반적인 삶을 경험한 어른이라면(아이들조차도) 물건의 가치는 흔하면 떨어지고 귀하면 오른다는 것을 자연히 알게 됩니다. 풍년이 들어 농사가 잘되면 농산물의 값은 내려가게 마련이고, 흉년이 들어 농사가 망하게 되면 농산물의 값은 오르고 이러한 현상을 당연하게 여깁니다. 하지만 똑같은 논리가 금속 화폐에는 적용되지 않았습니다. 당시 사람들이 보기에 상하지도 않고 변치도 않는 금속 화폐는 그 가치도 변치 않을 거라는 인식을 사람들에게 심어주었는데 실제로는 그렇지 못했습니다.

이것은 비단 고대의 로마에만 해당되는 사항이 아니었습니다. 그 후 인류의 역사에 이러한 화폐의 가치 절하는 끊임없이 나타나게 됩니다. 100원어치의 은으로 100원짜리 은화를 만드는 것이 아니라 50원어치의 은으로 100원짜리 은화를 만들면 이 은화를 발행하는 주체(국가, 군주 혹은 은행)는 은화를 발행할 때마다 그 절반에 해당하는 가치를 공짜로 얻게 됩니다(이를 '시뇨리지$_{Seigniorage}$' 혹은 '화폐주조차익'이라 부릅니다). 이러한 공짜에 대한 욕심은 무분별한 화폐의 발행을 야기했고, 항상 그 결말은 살인적인 인플레이션이라는 형태의 부메랑으로 되돌아와 시민들을 오랜 고통에 빠뜨렸습니다. 이는 꼭 의도의 형태로만 일어나는 것은 아니었습니다. 중세 말 스페인이 중남미에서 엄청난 양의 금은을 본국으로 가져왔을 때 한때 그들은 전 세계 금 보유량의 4분의 3을 가지기도 했습니다.[3] 사람들은 자신들이 무한정한 부를 가졌다고 생각했지만 실제 그들 앞에 모습을 드러낸 것은 엄청난 물가 상승이었습니다. 그럼에도 사람들은 어째서 밀값은 계속 오르고 금값은 떨어지기만 하는지 알지를 못했습니다. 유통되는 금과 은의 증가가 물가에 미치는 영향을 이해하지 못한 것입니다.

비단 고대의 로마나 중세의 스페인뿐 아니라 16~17세기의 영국도, 프랑스도, 독일도 그 덫에 빠지는 것을 피할 수 없었습니다.[4] 그러나 이러한 경험이 역사적으로 누적되면서 국가의 운영 주체와 시민들은 금속 화폐의 가치가 항상 일정하지는 않다는 것을, 다른 일반적인 상품들과 마찬가지로 수요와 공급에 따라 그 가치가 영향을 받는다는 것을 알게 되었습니다.

로마인들은 금속 화폐에 로마를 수호하는 여신 주노 모네타$_{Juno\ moneta}$의 이름을 따 '모네타$_{moneta}$'라는 이름을 붙였다. 이후 정복 전쟁에서 승리하면서 각지의 금과 은이 로마로 유입되기 시작했다. 한니발(Hannibal, B.C.247~B.C.183?)을 격파한 스키피오(Scipio Africanus,

---

3 폴 케네디 지음, 《강대국의 흥망》, 이왈수·전남석·황건 옮김, 한국경제신문, 2008.
4 폴 케네디 지음, 앞의 책.

B.C.236~B.C.184) 장군은 카르타고에서 60톤의 은을 가져오는 등 반입량이 급증하면서 화폐량이 상품의 양을 초과하기 시작했다.[5] 로마인들의 바람과는 상관없이 상품 가격은 즉시 뛰기 시작했다(화폐의 가치가 즉시 떨어졌다는 뜻이다).

로마가 절정기에 이르렀을 때 제국을 유지하기 위한 경비는 최고조에 이르렀다. 대규모 토목 공사와 왕실의 사치를 위한 자금 수요는 그치지 않았으며 각지의 군대를 유지하기 위한 비용은 끊임없이 지출되어야 했다. 하지만 로마의 영토 확장은 한계에 달해 더는 약탈해 올 귀금속은 없었고 전리품도 줄어들었다. 이에 대응하려고 로마 당국은 편법을 선택했다. 은화의 은 함량을 줄이고 구리를 섞어 넣기 시작한 것이다. 네로Nero Claudius Caesar Drusus Germanicus 황제 즈음(54~68)에서 이 일이 시작되었다.[6] 로마의 어려움은 계속되어갔고, 그 후 200여 년이 지나도록 이 같은 악습은 멈출 줄 몰랐다. 갈리에누스Publius Licinius Egnatius Gallienus의 제위(AD 260~268) 때 급기야 은화의 은 함량이 5%로까지 떨어지게 된다.[7] 이처럼 점점 낮은 순도의 주화가 퍼지게 되면서 사람들은 당연히 그 가치를 낮게 여기게 된다. 혹여 예전에 발행된 순도 높은 주화를 발견하면 뒤로 빼돌려서 낮은

---

5   에드워드 기번 지음, 《로마 제국 쇠망사 1》, 윤수인·김희용 옮김, 민음사, 2008.
6   시드니 호머·리처드 실라 지음, 《금리의 역사》, 이은주 옮김, 리딩리더, 2011.
7   시드니 호머·리처드 실라 지음, 앞의 책.

가치의 주화로 채워 넣는 일이 생기게 된다. 이러한 현상에서 그레샴Gresham의 법칙으로 유명한 "악화가 양화를 구축한다(쫓아낸다)Bad money drives out good money"는 문구가 나오게 되었다.

지폐의 등장

세계 최초의 종이돈에 대한 역사 기록은 기원전 2500년경의 바빌론까지 거슬러 올라가지만 세계 최초의 지폐로서 지위를 인정받는 것은 원나라의 돈으로, 1282년 몽고의 쿠빌라이(Khubilai, 1215~1294) 칸이 자신의 도장을 찍은 후 재무대신으로 하여금 수결케 한 후 유통시킨 것으로 '콴'이라 불렸습니다.[8] 유럽에서는 17세기 초에야 지폐가 모습을 드러내기 시작했는데 그 지폐의 의미는 현재의 우리가 인식하는 것과 아주 다릅니다. 현재에야 지폐 그 자체가 가치를 가지는 것으로 인식하지만(그것이 실제 가치를 가지고 있는지는 별개로 하고), 당시의 지폐는 그 자체로서 가치를 내포한 것이 아니라 지폐 표면에 쓰여 있는 금액의 금은을 금세공업자(금 장인)들에게 예치해두었다는 예치 증서에 불과한 것이었습니다.

현재와는 다르게 당시에는 귀금속을 집 안에 보관하는 것이 불안하다고 느낀 사람들이 이자를 받는 것이 아니라 비용을 지불하

---

[8] http://museum.bok.or.kr 화폐금융박물관, 화폐의 기원과 탄생.

고 귀금속을 금 장인에게 맡겼습니다. 그러면 금 장인들은 맡아둔 귀금속만큼의 보관증을 맡겨둔 사람에게 발행했는데, 이 보관증을 통한 거래가 무척 편하다는 것을 사람들이 인식하게 되면서 사람들 사이에 널리 인정되는 거래 수단이 된 것입니다.[9]

이 과정에서 금 장인들은 자신들이 맡아둔 귀금속이 한 번에 전부 다 인출되는 경우가 없다는 사실을 인식하게 됩니다. 100의 양만큼 귀금속을 맡아두고 있다면 예금주들이 그때그때 찾아가는 양은 10분의 1인 10 정도에도 미치지 않는다는 것을 반복된 경험으로 깨달은 것입니다. 그래서 금 장인들은 자신들이 맡아둔 귀금속의 양을 훨씬 초과하여 예치 증서를 발행하기 시작했습니다. 100의 양만큼 금을 보관하고 있다면 1000이란 양만큼의 예치 증서를 발행하여 남들에게 이자를 받고 빌려주기 시작한 것입니다. 오늘날 통용되는 '지불 준비금 Cash Reserve'이란 단어의 출발입니다.

이는 나중에 커다란 법적·사회적 분쟁이 되는데 많은 사람은 금 장인들이 있지도 않은 귀금속을 담보로 예치 증서를 찍어 대출해준 다음 이자를 받는 행위는 사기에 가깝다고 생각했습니다. 이와 관련된 소송이 속출했으나 이 같은 금세공업자들의 행위는 결국 합법으로 인정받는데, 이를 불법으로 규정했을 때의 경제적 파탄을 고려해

---

[9] 앨렌 호지스 브라운 지음, 《달러》, 이재황 옮김, 이른아침, 2009.

합법으로 인정하여 법적 안정성을 부여하기로 하는 결정을 내린 것입니다.

이러한 과정을 거쳐 금 예치 증서가 온전히 법정 화폐의 지위를 획득하는 데만도 약 100년이라는 시간이 걸려야 했습니다. 하지만 이를 거꾸로 표현하면 그러한 법적 인정이 있기 전에도 100년간이나 종잇조각이 화폐 대용으로 잘 사용되어왔다는 것을 뜻하기도 합니다.

순수 신용 화폐

그럭저럭 화폐로서 지위를 점차 확고히 해온 예치 증서가 그 한계를 드러내기 시작한 것은 20세기입니다. 금과 은을 기반으로 발행되는 지폐의 한계란 명백합니다. 그 근거가 되는 금과 은의 총량이 지폐를 발행할 수 있는 한계가 되는 것입니다. 사회가 발달하면서 경제의 규모 또한 점점 늘어나 더는 실물 귀금속을 기반으로 해서는 경제 규모에 걸맞은 화폐 시스템을 운용할 수가 없게 되었습니다. 1971년 8월 15일, 리처드 닉슨(Richard Milhous Nixon, 1913~1994) 전 미국 대통령은 더는 미국 달러화를 금으로 교환해주지 않겠다는 선언을 합니다. 그전에는 브레턴우즈Bretton Woods 체제라 하여 28.35g의 금과 35달러의 교환이 약속되어 있었습니다. 이로써 지폐란 것은 그 자체에 대한 사람들의 신뢰만을 바탕으로 하는 순수 신용 화폐로의

길을 걷게 됩니다.[10]

그러나 거래의 편리함과 현실적인 필요에 따라 사용이 강제된 지폐는 사용자들로 하여금 그에 상응하는 짐을 떠안게 만들었습니다. 지속적인 물가 상승(=화폐 가치 하락)이 바로 그것입니다. 오늘날의 우리는 어느 정도의 물가 상승을 당연한 것으로 받아들입니다. 하지만 예전에는 그렇지 않았습니다. 전술했던 것처럼 로마 제국이 멸망에 이르는 데는 인플레이션이 커다란 영향을 끼쳤는데 당시 기준 물가가 100에서 5000으로 50배가 상승하는 데 1세기가 걸렸습니다. 100여 년이라는 기간 동안 은화의 은 함량이 100%에서 5%로 떨어지는 등 극심한 사회적 혼란을 초래했습니다. 이는 얼핏 보면 대단한 수치인 것처럼 보입니다.

하지만 이는 연율로 환산하면 겨우 연 4.0% 정도의 물가 상승률인 셈인데 현재를 사는 우리에게는 거의 정상처럼 여겨지는 수준입니다. 우리는 왜 이를 당연시할까요? 한국은행이 말하는 3±0.5%의 관리 물가 수준은 과연 실지로 온당한 것일까요?

우리나라를 예로 들어보면, 통계가 작성된 1965년부터 2017년까지 42년간 약 39배의 물가 상승을 겪었습니다. 이는 연율로 환산했을 때 연 9.119%에 해당하는 것입니다. 이를 화폐 가치의 절하 측면

---

10 CCTV 경제 30분팀 지음, 《무역 전쟁》, 홍순도 옮김, 랜덤하우스코리아, 2011.

에서 해석하면 만약 누군가가 1965년 청년 시절에 1억 가치의 현금을 땅속에 파묻어 두고 노년이 된 지금 노후를 위해 꺼내 쓰기로 결정을 내렸다면 땅속에 묻혀 있던 그 돈의 가치는 약 256만 원으로 쪼그라들었다는 뜻입니다. 누가 그 사람의 9744만 원을 훔쳐갔을까요?

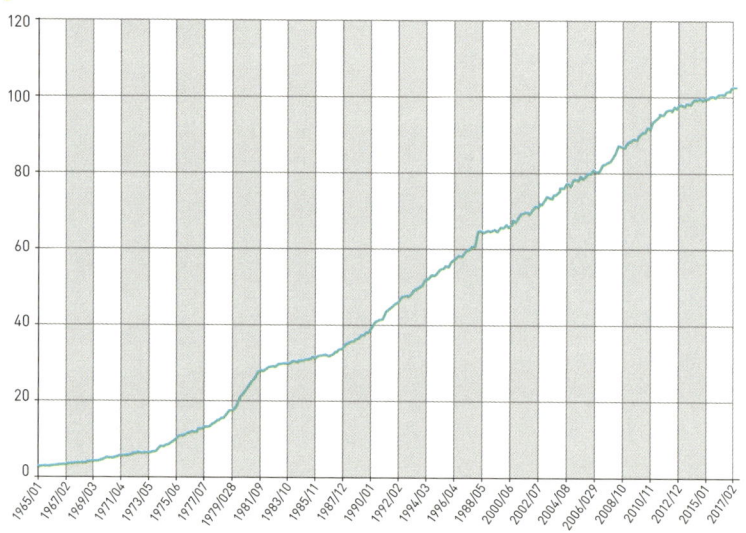

물가 비교(1965~2017)

출처: 한국은행 경제 통계 시스템

은행에는 '예대금리차'라는 것이 존재합니다. 예금 금리와 대출 금리의 차이라는 뜻입니다. 보통 1~3% 사이를 오가는데 2%라고 가정해보겠습니다. 서기 1년 당신의 머나먼 조상님이 은행에 이율

이 3%인 10원짜리 예금을 드셨습니다(그 당시에는 큰돈이라고 생각해 보죠). 그런데 갑자기 목돈이 필요한데 예금을 깨기가 좀 그러했던 지 이율 5%짜리 예금 담보 대출을 받았습니다. 아마 그 조상님께서 는 금방 갚을 생각이셨을 것입니다. 그런데 그만 이 대출을 갚지 못하고 한밤중에 심근경색으로 돌아가셨습니다. 그 예금과 부채는 대대로 상속되어 2017년 현재 이 책을 읽는 당신이 유일한 상속자입니다. 당신은 은행에 예금과 대출의 차액만큼을 상환해야 합니다. 당신은 은행에 얼마의 금액을 갚아야 할까요? 2%×2013년=4026%, 이렇게 계산해서 원금의 40배인 400원쯤 될까요? 놀라지 마세요. 실제로는 복리로 이자가 붙으므로 당신은 은행에 222경이라는 상상도 못할 금액을 상환해야 합니다. 이는 2017년 현재 400조 원인 우리나라 국가 예산의 5550배에 달하는 금액입니다. 당신이 은행에 돈을 넣어둔다 해도 손해볼 수밖에 없는 이유입니다.

우리는 누군가가 우리의 지갑 속 돈을 훔쳐 가거나 차에 흠집을 내고 도망가는 것에는 민감하게 반응해도 이처럼 흐르는 시간에 기대어 우리의 재산을 조금씩 강탈해가는 것에는 둔감합니다. 당신은 이렇게 말할지도 모릅니다. "아니, 뭐 하러 돈을 땅속에 묻어놔? 은행에 넣어두고 이자를 받으면 가치가 그대로 유지가 될 거 아냐?"라고. 미안하지만 시스템은 당신의 편이 아닙니다. 그 정도로는 손해보는 정도를 줄이는 것은 할 수 있어도 손해를 보는 자체를 막을 순 없습니다.

그나마 우리나라는 사정이 나은 편이라고 위안으로 삼을 수 있을지도 모르겠습니다. 이러니저러니 해도 한국은행이 지폐를 끊임없이 발행하여 기존의 화폐 가치를 절하시켜 우리들의 주머니 속에서 조금씩 훔쳐 가서 얻는 '시뇨리지'라는 것은 결국 국가 전체를 위해 쓰일 터이니 말입니다. 하지만 세상에는 그렇지 않은 나라들도 있습니다.

차용증에 더 가까운 달러

우리가 돈 중의 돈이라고 생각하는 달러는 어떻게 보면 과거의 예치 증서보다 더 허구에 가깝습니다. 아니, 사실 달러라는 지폐는 차용증에 더 가까운 개념입니다. 미국 재무부에서는 돈이 필요하면 FRB에 빌려달라고 요청합니다. 이렇게 재무부에서 차용증을 작성한 다음 FRB에 자금을 요청하면 FRB는 그 차용증을 담보로 돈을 인쇄하여 재무부에 건넵니다. 전 세계에 유통되는 달러 지폐는 전부가 이런 과정을 거쳐서 발행되는 것입니다. 하나하나가 돈을 빌렸다는 기록인 차용증과 다르지 않다는 뜻입니다. 어디 그뿐인가요? FRB는 빌려준 돈에 대해 재무부로부터 이자도 받습니다. 그 금액은 미국 시민 전체가 한 해에 내는 소득세와 비슷한 금액에 달할 정도입니다. 이것에 대한 여론이 안 좋아지자 지금은 이자를 거의 감면해주고 있습니다. 그 이자라는 것이 FRB 입장에서 '황금알'을 낳는 거위의 다리 하나에도 그 가치가 미치지 못하기 때문입니다. 그럼 황금알은 무엇일까요? 다름 아닌 화폐 발행액의 10배 이상까지 뻥튀기할 수 있는 '대출'입니다. 과거의 금 장인들이 했던 그대로 현재의 은행들은 자신들이 가진 돈의 10배 이상을 이자를 받고 대출해줄 수 있습니다. 진정한 이익은 거기에서 나옵니다.

FRB 이야기를 하다가 왜 갑자기 은행 이야기가 나오는지 이상해하는 독자들도 있을 것입니다. 우리나라 한국은행의 지위에 해당하는 미국의 FRB가 이름처럼 정부에서 운영하는 연방 기구가 아니기 때문입니다. FRB는 하나의 민간 주식회사입니다(참으로 놀랍지 않은가요?). 우리에게 시티은행과 JP모건체이스앤컴퍼니로 유명한 록펠러와 모건 그룹이 이 FRB의 양대 주주입니다. 우리나라로 표현하자면 '삼성생명'과 '현대해상'이 한국은행의 양대 주주라는 것과 비슷한 의미입니다.

어떤가요? 만약 삼성생명이, 그리고 현대해상 같은 사유의 회사가 한국은행을 소유하고 화폐의 발권과 은행의 이자율을 조정하는 업무의 전권을 가진다면 여러분은 그러한 '한국은행'이 자신들의 소유주를 뒤로하고 진정 국가와 국민을 위해서만 자신의 본분을 다한다고 생각할 수 있을까요? 판단은 독자 여러분에게 맡기겠습니다.

물론 우리나라가 지금 그렇다는 이야기는 절대 아닙니다.

우리는 이처럼 막연히 생각해왔던 것과는 조금 다른, 생각만큼 견고하거나 공정하지 못한 화폐를 기반으로 하는 삶을 살아왔습니다. 이러한 화폐의 발달 과정을 거쳐 이제 비트코인이란 암호화 화폐가 출현하게 되었습니다.

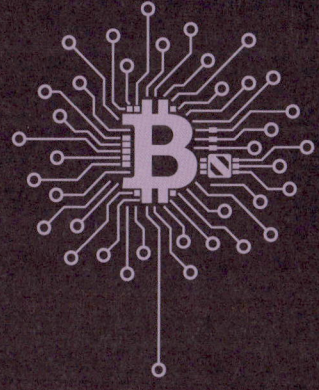

CHAPTER 02

비트코인은
어떻게 만들어지나요?
프로세스의 이해

비트코인 주소가 뭐죠?

쌍둥아빠가 땡글이에게 톡을 보냅니다. "코인 보낼 테니까 주소 좀 보내줘." 주소가 뭐지?

주소를 한 마디로 말한다면 계좌 번호입니다. '16UwLL9Risc3Qf PqBUvKofHmBQ7wMtjvM'처럼 생긴 26~35자리의 글자입니다. 대부분 34자리입니다. 비트코인 주소는 다음과 같은 특징이 있습니다.

1. 비트코인 주소는 반드시 1 또는 3으로 시작합니다.
2. 이 주소로 코인을 보내면 그 주소의 주인이 해당 코인의 소유권을 가집니다.
3. 주소를 입력하다가 오타를 입력하면 코인이 잘못 전송될 수 있

습니다.

4. 주소는 비트코인 프로그램에서 임의로 생성됩니다. 발급해주는 기관이 없습니다.

5. 주소는 거의 무한정 생성 가능합니다.

6. 임의로 똑같은 주소가 나올 확률은 로또가 11번 연속 당첨되는 것과 비슷합니다.

심화 개념: 개인키, 공개키, 주소, WIF

개인키 Private key

임의의 숫자와 알파벳(0~9, a~f)의 나열입니다.

본인만 아는 비밀 번호 같은 것입니다. 다른 사람에게 알려주면 큰일 납니다.

ex. 18E14A7B6A307F426A94F8114701E7C8E774E7F9A47E2C2035DB29A206321725

공개키 Public key

개인키를 이용해서 만듭니다.

여러 암호화 과정을 거치는 데 중간에 SHA(Secure Hash Algorithm, 안전한 해시 알고리즘)-256 단방향 암호화가 들어갑니다.

ex. 600FFE422B4E00731A59557A5CCA46CC183944191006324A447BDB2D98D4B408

주소 Address

공개키를 이용해서 만듭니다.

공개키에는 체크섬checksum이 없고 길이가 길어서 누구에게 전달하다가 한 글자라도 틀리면 큰일 나므로 길이를 짧게 하면서 이게 맞는 주소인지도 확인 가능하게 만들었습니다.

비트코인 주소는 1 또는 3으로 시작합니다.

ex. 16UwLL9Risc3QfPqBUvKofHmBQ7wMtjvM

WIF Wallet Import Format

개인키를 옮기다가 한 글자라도 틀리면 큰일 나므로 체크섬을 넣어서 변환한 것입니다.

개인키를 어떤 비트코인 프로그램에서 다른 비트코인 프로그램으로 옮길 때 사용하거나 종이 지갑을 만들 때 사용합니다.

ex. 5HueCGU8rMjxEXxiPuD5BDku4MkFqeZyd4dZ1jvhTVqvbTLvyTJ

트랜잭션이
뭐죠?

쌍둥아빠가 땡글이에게 코인을 보냈습니다. 그런데 땡글이는 코인이 왔는지 오지 않았는지 알 수 없다고 합니다. 이거 어떻게 하죠?

쌍둥아빠가 '1MpxWLPyFT93WdXSU9MLggsHxw6ihKy9g6'(이하 쌍둥 주소) 주소에서 '13PNUzhQGvaJE77Yx2DtytHTQMFNRYQYhZ'(이하 땡글 주소) 주소로 0.05BTC를 보냅니다. 그러면 비트코인 프로그램에서 문자열을 만듭니다. "쌍둥 주소에서 땡글 주소로 0.05 보냄". 이 문자열을 트랜잭션Transaction이라고 합니다. 주소 하나에서 하나로 보낼 수도 있지만, 주소 하나에서 여러 개로 보낼 수도 있고 주소 여러 개를 합쳐서 여러 개로 보낼 수도 있습니다. 이렇게 트랜잭션(문자열)을 만든 다음에 이를 사람이 알아보기 쉽게 한 번 더 프로그램을 실행해서 짧게 만들어줍니다. 이것을 트랜잭션아이디(Transaction ID, 이하 txid)라고 합니다. 이 txid를 이용해서 내 전송이 제대로 갔는지 안 갔는지를 확인할 수 있습니다.

https://blockchain.info/ko/tx/d138b122643b5aa6a0066fd3139a2c54d934eff8afc28b2b5da1d9732e5f5543 링크를 입력하면 위처럼 내가 보낸 코인이 잘 갔는지 가지 않았는지 확인이 가능합니다.

txid: d138b122643b5aa6a0066fd3139a2c54d934eff8afc28b2b5da1d9732e5f5543

보낸 주소: 1MpxWLPyFT93WdXSU9MLggsHxw6ihKy9g6

받는 주소: 13PNUzhQGvaJE77Yx2DtytHTQMFNRYQYhZ

전송량: 0.05BTC

수수료: 0.001BTC

1승인: 블록에 방금 등록되었음

블록체인이
뭐죠?

비트코인에서 수많은 전송들(이하 트랜잭션)이 전파됩니다. 하지만 전파만 되었을 뿐 아직 이 트랜잭션들이 승인을 받은 것은 아닙니다. 이 트랜잭션들이 네트워크에 전파되면서 제대로 된 트랜잭션인지 검증 과정을 거칩니다. 10분에 1번씩 이 트랜잭션들을 모아서 하나의 큰 파일을 만듭니다. 이것을 블록이라고 합니다. 이 블록이 생성되면 바로 이전의 블록에 이 파일을 이어서 붙입니다. 그리고 네트워크를 통해 이 블록을 전파합니다.

블록에는 지난 10분간의 거래 내역이 들어 있습니다. 그리고 이 블록이 계속 연결되어 블록체인이라는 것을 형성합니다. 최초로 비트코인이 생겨났을 때부터 바로 지금 이 순간까지의 네트워크에서

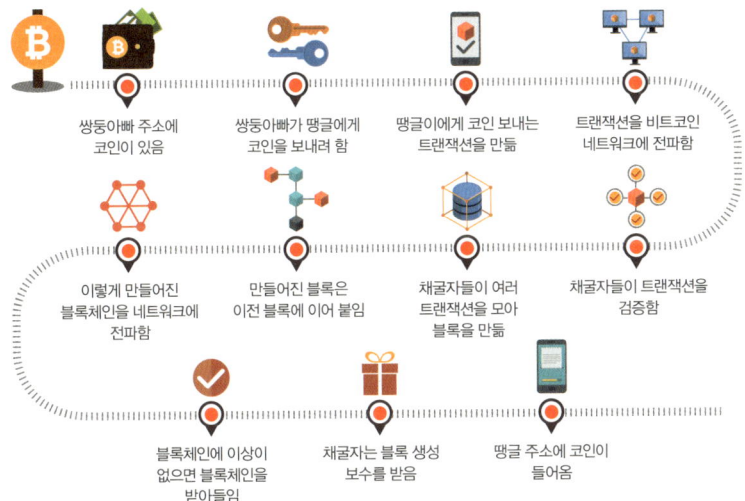

발생한 모든 코인의 전송 내역이 블록으로 만들어지고 또 이것이 계속 이어진 블록체인으로 존재하게 되는데 이 블록체인이 각 PC에 모두 저장됩니다. 내가 비트코인 코어 지갑 프로그램을 설치하면 맨 먼저 이 블록체인이라는 것을 P2P Peer to Peer 네트워크를 통해 다른 PC에서 가져오게 됩니다.

블록체인에는 비트코인이 생겨났을 때부터의 모든 거래 기록을 저장해놓았다고 했습니다. 이것이 가지는 의미는 무엇일까요? 내가 A라는 비트코인 주소를 가지고 있다고 해봅시다. 비트코인 프로그램은 블록체인이라는 것을 통해 내가 얼마를 가지고 있는지 확인하게 되고 비트코인이 복사되는 것을 방지하는 역할을 합니다.

블록체인은 다음과 같은 3가지의 중요한 의미가 있습니다.

첫째, 블록체인을 통해 자신이 얼마를 가지고 있는지 확인합니다. 블록체인은 비트코인이 처음 생겨났을 때부터의 모든 이체 기록의 모음입니다. 이 기록들을 통해 내가 지금 얼마를 받았는지, 얼마를 썼는지, 그래서 지금은 얼마가 남았는지를 모두 확인해서 지금 나의 잔고가 얼마인지, 얼마나 쓸 수 있는 잔고가 있는지 확인하는 방식입니다. 블록체인이 있어야 나의 잔고를 알 수 있습니다.

둘째, 블록체인을 통해 이중 지불을 방지합니다. 블록체인에는 모든 거래 내역이 담겨 있습니다. 그런데 만약 내가 1BTC를 다른 사람에게 보냈는데 안 보낸 척하고 다른 곳에 또 1BTC를 보내면 두 번째 보낸 1BTC는 다른 곳에서 거절을 당합니다. 왜냐고요? 이미 1BTC를 사용했다고 블록체인에 들어 있는데 똑같은 1BTC를 또 사용하면 거짓이라고 판단합니다. 비트코인은 이 블록체인을 모든 PC가 공유함으로써 비트코인의 안정성을 높입니다.

셋째, 블록체인 자체가 비트코인 시스템의 보안입니다. 블록체인은 지난 10분간의 거래 내역들이 연결된 고리들입니다. 이 연결고리들은 단단하게 연결되어 있어서 중간의 블록을 바꿔치기하는 것이 불가능합니다. 만약 하루 전의 거래 내역을 변조하고 싶다면 지금 현재부터 지난 10분간씩의 블록들을 차례대로 변조해야 합니다. 24시간이면 10분이 144개이므로 144개의 블록을 변조해야 하는데 거의 불가능에 가깝습니다. 아니, 현재 컴퓨터의 연산 능력으로는 불가능하다고 생각해도 무방합니다.

블록체인을 해킹하려면

블록체인을 해킹하려면 먼저 지난 10분간의 블록부터 변조를 해야 합니다. 이 블록부터 변조하고 그 이전 10분간의 블록을 변조해야 합니다. 참고로 마지막 블록부터 하나씩 차례대로 변조하는 것이 아닌 중간의 블록을 바꿔치기하는 것은 현재의 컴퓨팅 파워로는 거의 불가능에 가깝습니다. 마지막 블록을 변조하려면 다음 3가지 조건을 만족해야 합니다.

첫째, 마지막 10분간의 블록을 새롭게 생성하되 블록의 길이가 더 길고 안정적이어야 합니다. 둘째, 변조하려는 측의 컴퓨팅 파워가 비트코인 네트워크 전체 컴퓨팅 파워의 50%를 초과해야 합니다. 사실 첫째와 둘째가 비슷한 말입니다. 컴퓨팅 파워가 더 높을수록 블록의 길이가 더 길고 안정적으로 나옵니다. 현재(2017년) 6,158,947TH/s입니다. 세계 1위부터 500위까지의 슈퍼컴퓨터를 모두 합친다 해도 블록체인을 해킹하기는 어렵습니다. 셋째, 변조한 후에 이 블록을 계속 유지하기 위해 컴퓨팅 파워를 계속 유지시켜야 합니다. 유지를 중단하면 곧 다른 정상적인 블록체인에 의해 변조된 블록체인은 무효화 처리됩니다.

이렇게 변조를 해서 얻는 이득은 최종 10분간의 거래 내역입니다. 기껏해야 마지막 10분간의 전송에서 한 번 더 보내는 이득밖에 없습니다. 이나마도 계속 유지를 하지 못하면 취소되어버립니다. 마지막 10분간의 기록 변조도 어렵지만 더 힘든 것은 그 이전 10분간의 내역 변조입니다. 비트코인 블록의 해시 알고리즘은 역추적으로 들어갈 경우 기하학적으로 증가하는 연산 능력이 필요합니다. 한마디로 불가능에 가깝다는 의미입니다.

현재로서는 비트코인의 블록체인을 변조해서 얻을 수 있는 이익도, 변조할 수 있는 컴퓨팅 파워를 갖추는 것도, 이를 계속 유지하는 것도 일개 개인이나 단체가 하는 것은 불가능에 가깝습니다.

제네시스 블록

사토시 나가모토가 처음 비트코인 프로그램을 실행했고 맨 처음 '제네시스 블록'이라는 것을 만들었습니다.

제네시스genesis: 기원, 발생
블록block: 코인의 생성, 전송이 기록된 장부

이 블록에는 다음과 같은 정보가 담겨 있습니다.

블록 해시: 000000000019d6689c085ae165831e934ff763ae46a2a6c172b3f1b60a8ce26f
블록에 담긴 모든 내용들을 SHA-256 해시를 한 것입니다.

이 해시가 이 블록을 대표하는 번호가 됩니다.

이 블록 해시를 이용해서 앞뒤 블록들을 서로 연결하게 됩니다.

전송 내역: 없음

코인 생성: 신규 블록이 생성되면서 50BTC가 새로 생김

생성된 코인을 받은 주소: 1A1zP1eP5QGefi2DMPTfTL5SLmv7DivfNa

블록이 생성된 시간: 2009년 01월 03일 18:15:05 (UTC)

이렇게 처음 블록이 생성되면서 '1A1zP1eP5QGefi2DMPTfTL5SLmv7DivfNa'라는 주소에 50BTC가 생기게 되었습니다.

출처: https://blockchain.info/block/000000000019d6689c085ae165831e934ff763ae46a26c172b3f1b60a8ce26f

비트코인 채굴이 뭐죠?

광산도 아닌데 채굴이라니요? 이 용어는 비트코인 위키 원문에서 유래한 'mining'에서 왔습니다. 말 그대로 광산에서 채굴하는 의미 그대로 사용했습니다. 비트코인 제작자도 비트코인 마이닝을 땅속에서 채굴하는 것과 비슷한 작업으로 이미지 부여를 하고 싶었나 봅니다.

비트코인을 가지고 있는 PC들끼리 끊임없이 코인의 전송이 발생합니다. A가 B에게 1코인을 보내고 C는 D에게 2코인을 보냅니다. 이런 코인의 전송이 전 세계 인터넷망을 통해 끊임없이 발생합니다. 이렇게 무수한 전송 내역들이 P2P 시스템을 통해 비트코인 네트워크의 모든 PC에 전파됩니다. 그 PC들 사이에 채굴을 전문으로 하는 PC들에도 그 내용이 전파됩니다. 그러면 이렇게 비트코인 네트워크 사이에 전파되는 코인의 전송 내역들을 모아 PC에서 연산합니다. 옆 채굴 PC에서도 연산합니다. 이렇게 여러 PC에서 각각 연산하면서 10분간의 전송 내역들을 하나의 블록으로 만드는 경쟁을 합니다. 이렇게 하나의 블록으로 만드는 경쟁을 하다가 어느 한 PC에서 블록을 성공적으로 만들어냅니다. 그러면 그 PC는 이 블록을 비트코인 네트워크를 통해 모든 PC에 전파하고 블록을 성공적으로 만들어낸 대가로 12.5BTC를 획득합니다. 이렇게 블록을 만드는 과정을 채굴이라고 합니다.

비트코인 채굴이라는 작업 자체가 비트코인 시스템의 안정성을 보장하는 역할을 합니다. 채굴이라는 과정을 통해 생성된 블록 안에는 지난 10분간의 비트코인 거래 내역이 포함됩니다. 어느 PC에서 어느 PC로 얼마의 코인을 전송했는지에 대한 정보가 이 블록 안에 포함됩니다. 이 블록의 정보를 통해 각각의 PC가 지금 코인이 얼마 있고 지금 얼마를 받았으며 각 PC의 잔고가 얼마 있는지 증명하는 역할을 합니다. 비트코인 시스템이라는 것은 이 채굴이라는 행위를 통해 전송 내역들이 제대로 이루어지고 비트코인 시스템이 해킹 당하는 것을 방지하는 역할을 하므로 채굴은 반드시 필요합니다.

채굴과 채굴기

최초의 비트코인 채굴은 일반 컴퓨터를 이용한 채굴이었습니다. 사토시 또한 일반 PC를 이용해서 채굴을 시작했습니다. 이를 CPU 채굴이라고 합니다. 채굴이라는 것은 간략하게 설명하면 바로 원하는 숫자를 만들어내는 것입니다. 그런데 원하는 숫자를 얻고자 그 숫자를 그대로 입력하는 것이 아니라 중간에 해시$_{Hash}$라는 암호화 함수를 이용하여 숫자를 바꾸는 작업을 합니다. 예를 들어 이 함수에 '1'을 입력하면 '5455'란 숫자가 나온다고 가정하겠습니다. 이렇게 '5455'를 얻을 수 있는 숫자는 '1'이란 것을 알지만 '1234'란 결과를 얻으려면 어떤 숫자를 넣어야 하는지 알 수 없습니다. 그래서 무작위로 숫자를 입력해 '1234'라는 숫자를 만들어낼 때까지 반복하는 방법밖에 없습니다.

이 작업은 단순 작업입니다. 산수만 빨리 하면 되는 작업인 셈입니다. 그리 복잡한 계산을 요구하지 않습니다. 그렇다면 보통 성능의 기계 10대와 고성능의 기계 1대를 놓고 같은 일을 시킨다면 누가 더 일을 많이 할까요? 비슷할 것 같지만, 결과는 보통 성능의 기계 10대가 훨씬 더 빠릅니다. 이런 이유로 GPU(Graphics Processing Unit, 그래픽 카드) 채굴이 등장했습니다. CPU$_{Central Processing Unit}$는 성능이 높지만 PC 안에 기껏해야 2~4개의 처리기밖에 안 들어 있고 GPU는 속도는 느리지만 그래픽 카드 안에는 몇 백 개 이상의 처리기가 들어 있기 때문에 같은 반복 작업 속도가 월등히 빨라집니다. 이 사실이 알려지면서 2010년부터는 GPU를 이용한 채굴이 등장하게 됩니다. 이를 GPU 채굴이라고 합니다.

ASIC의 등장

2013년까지도 대부분의 비트코인 채굴은 그래픽 카드에 의해 이루어졌습니다. 그러다가 2013년 10월부터 비트코인 가격이 급등했습니다. 20달러에서 1200달러까지 한 번에 급등했습니다. 그러자 비트코인으로 돈을 벌려는 사람들이 늘어나면서 그래픽 카드가 아닌 좀 더 효율적인 장치를 고안하게 됩니다. 그것이 바로 ASIC(Application Specific Integrated Circuit, 특정 용도의 집적 회로의 총칭으로 주문형 반도체)입니다. 쉽게 말해 그래픽 카드에서 비트코인과 관련된 부품만 모아서 하나의 기계 안에 많이 넣은 것입니다.

이렇게 ASIC이 출시되면서 기존의 그래픽 카드를 이용한 채굴 시장은 붕괴되었습니다. 이제는 비트코인을 아무도 그래픽 카드를 이용해 채굴하지 않으며 모두 ASIC을 이용해 채굴합니다.

2013년 초반에 USB_{Universal Serial Bus} 개미 채굴기가 선을 보이고 곧

▎ ASIC Antminer S9 채굴기

왕개미 채굴기가 등장하게 됩니다. 이름이 개미 채굴기인 이유는 영어로 AntMiner(www.bitmaintech.com)이기 때문입니다. 이 채굴기의 속도는 2.2GH/s입니다.

이후 비트메인Bitmain에서 AntMiner Dual Blade S1이라는 것을 출시합니다. 왕개미라는 별명을 가지고 있었습니다. 속도는 180GH/s입니다.

계속 업그레이드 되어 Antminer S9가 나왔으며 속도는 13.5TH/s 즉 13,500GH/s로 최초에 나왔던 S1보다 75배나 빠릅니다.

ASIC의 장점과 문제점

비트코인의 기본 철학은 분산 네트워크입니다. 각각의 PC들을 통해 컴퓨팅 파워가 분산됨으로써 어느 한 개인이나 조직에 휘둘리지 않도록 하는 안정성 확보가 중요합니다. 그런데 ASIC이 출현하면서 양상이 변했습니다. ASIC 1대가 그래픽 카드 수십, 수백 장을 대체하면서 컴퓨팅 능력이 집중되는 모순을 가져왔습니다. 이는 분산 네트워크의 기본 철학에 위배되는 현상입니다.

반면 ASIC이 증가하면서 전체 컴퓨팅 파워가 급격하게 증가했습니다. 덕분에 비트코인 전체의 블록체인 안정성은 급격하게 증가했습니다. 더불어 기존의 그래픽 카드 발열 등으로 인한 전기 에너지 낭비가 많은 문제였는데 ASIC의 경우 초반에는 전기 에너지 문제가 있었으나 전기 소모가 적은 개량형이 계속 출시되고 있습니다.

ASIC이 보편화되기 전의 2013년 10월의 연산 능력 1,354,928GH/s에 비해 ASIC이 보편화된 2017년의 연산 능력 6,158,947,000GH/s는 거의 4500배 가까이 증가했습니다.

비트코인은
어디서 생기죠?

내 손안의 돈은 정부 보증하에 한국은행에서 만들어서 돌고 돌아 나에게까지 왔습니다. 그렇다면 지금 내 비트코인 주소에 있는 이 코인은 어디에서 생긴 것일까요?

비트코인 트랜잭션들이 네트워크에 전파되고 이 트랜잭션들을 모아서 채굴자가 신규 블록을 만듭니다. 이 블록을 만들 때 12.5BTC를 자기 주소(이하 1A)로 보내는 트랜잭션을 같이 만들어 넣습니다. 그리고 이 블록을 네트워크에 전파합니다. 이 블록이 네트워크에서 인정되면 1A에 12.5BTC가 있다는 것도 동시에 인정이 됩니다. 그러면 채굴자는 1A에 있는 12.5BTC의 소유권을 인정받으면서 이 코인을 다른 누군가에게 전송이 가능해집니다. 그 코인들이 유통이 되

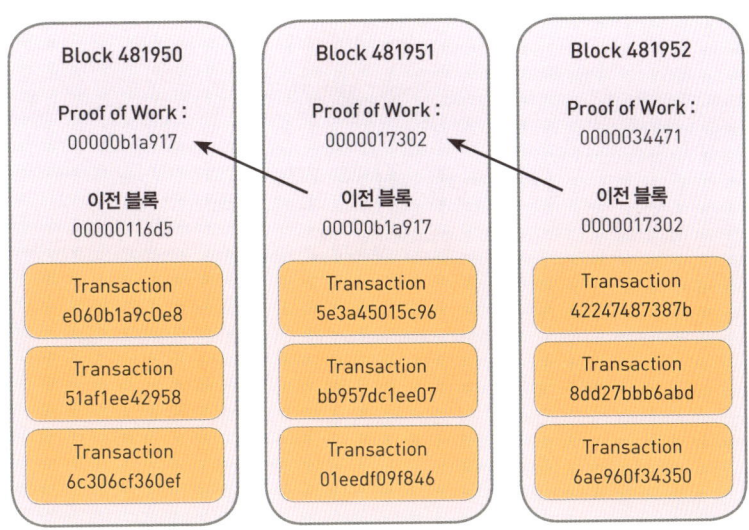

는 것입니다. 이런 식으로 10분마다 새로운 코인이 계속 생성되고 또 유통됩니다.

최초의 코인 생성

비트코인의 최초 배포 버전의 컴파일은 1월 10일로 되어 있지만 이전에 개발 버전에서 이미 블록체인은 생성되고 있었습니다. 관련 정보는 http://en.bitcoin.it/wiki/Genesis_block에서 확인할 수 있습니다. 2009년 1월 3일에 처음 생성되었는데 아마도 사토시가 최초에 만들었던 블록으로 생각됩니다. '1A1zP1eP5QGefi2DMPTfTL5SLmv7Divf Na' 주소로 50BTC가 최초로 채굴되었습니다.

어떻게 비트코인을 얻나요?

많은 분이 궁금해 하는 질문입니다. 맞습니다. 기껏 비트코인이라는 것을 들어보고 비트코인을 한 번 써보려는데 막상 비트코인을 얻을 곳이 없습니다. 그럴 수밖에 없는 것이 요즘은 '비트코인=금=돈'과 비슷한 개념으로 받아들여지고 있고 비트코인은 곧 돈이기 때문에 공짜로 비트코인을 얻기란 쉽지 않습니다.

비트코인을 받는 방법을 분류하면, 채굴기를 이용해서 직접 채굴하는 방법, 현금을 주고 직접 비트코인을 구매하는 방법 등이 있습니다. 이제 각 방법을 자세히 설명하겠습니다.

첫째, 직접 채굴하는 방법입니다. 비트코인이 처음 나왔을 때는 그래픽 카드를 이용해서 채굴하기도 했지만 지금은 그래픽 카드에서 필요한 성능만 뽑아내서 만든 전용 채굴기ASIC를 이용해서 채굴이 진행됩니다. 그렇기에 개인이 직접 비트코인을 채굴해서 얻는 것은 불가능에 가깝습니다. 만일, 비트코인을 벌기 위해서가 아니라 암호화 화폐 자체에 대한 호기심으로 가정용 PC나 노트북으로 채굴을 해본다면 비트코인이 아닌 다른 암호화 화폐의 채굴을 해볼 수 있습니다.

둘째, 현금을 주고 사는 방법입니다. 국내외에 많은 비트코인 거래소가 있습니다. 우리나라 비트코인 거래소로는 코빗, 코인원 등이 있으며 국외에는 폴로닉스, 비트파이넥스 등이 있습니다. 이들 거래소에 코인을 보내거나 달러를 보내서 코인 거래를 할 수도 있습니다.

▎ **국내 가상 화폐 거래소 코빗**

출처: www.korbit.co.kr

국내 가상 화폐 거래소 코인원

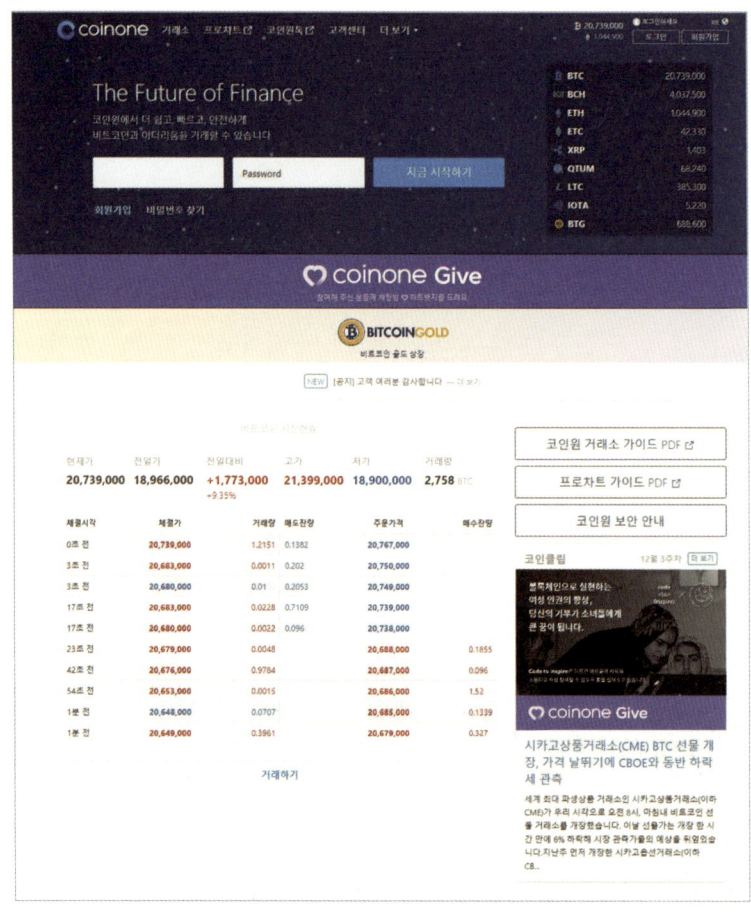

출처: www.coinone.co.kr

이체 수수료는 뭐죠?

은행에 가서 국외에 돈을 보내보신 분 계신가요? 생각보다 많지는 않을 것 같습니다. 물건을 사고 보통 카드나 페이팔로 비용을 지불하지 현금을 보내는 사람은 드무니까요. 그래도 주변에 국외에서 돈을 받거나 돈을 보내는 것을 보신 분은 알 겁니다. 전신환 수수료가 굉장히 비싸죠? 보내는 은행에서 보통 1만 원 정도 수수료가 발생하고 중간에 은행 하나 거치면 중간에서 또 5~10만 원 정도 수수료를 내고 마지막에 수취 은행에서 또 1~10만 원 정도 수수료를 냅니다. 물론 어떤 은행에서 중간에 무슨 은행을 어떻게 거치느냐에 따라 다릅니다. 하여간 수수료가 굉장히 많이 발생합니다.

국내 은행에서 은행 간 이체를 할 때도 수수료가 발생합니다. 물론 개인 회원은 고객 유치를 위해 무료로 이체하지만 법인 회원은 특수한 경우를 제외하고는 대부분 이체 수수료가 발생합니다.

마찬가지로 비트코인을 전송할 때도 '이체 수수료'라는 것을 냅니다. 그런데 비트코인 이체 수수료는 은행의 전송 수수료와는 다른 특별한 점이 있습니다.

첫째, 지역에 관계없습니다. 바로 코앞에 있는 사람에게 코인을 이체하는 것이나 지구 반대편에 코인을 이체하는 것이나 수수료가 똑같습니다.

둘째, 가격이 저렴합니다. 10~20분에 전송을 완료시키려면 0.0005BTC 정도가 필요합니다. 현재 가격으로 2500원 정도입니다. 이체 수수료는 복잡한 공식에 의해 산출되는 것이라 그 과정은 생략하겠습니다. 코인의 양이 늘어나면 약간씩 증가할 수도 있습니다. 그래도 일반적으로 많이 내도 0.001BTC이면 충분합니다. 물론 저렴하다는 것은 상대적인 관점입니다. 왜냐하면 '지구 반대편에 1000만 원에 해당하는 코인을 보내는 데 수수료가 2500원이다!' 그러면 매우 싼 겁니다. 정말 이보다 더 쌀 수는 없습니다. 하지만 '내 PC에서 스마트폰으로 1만 원 보내는 데 2500원이다!' 이러면 부담스럽습니다. 비싼 것이죠. 비싸고 싸고는 상대적인 부분이 있습니다.

사용자는 이체 수수료를 냅니다. 그러면 이 이체 수수료는 누가 가져가는지 궁금할 것입니다. 바로 채굴자들입니다. 앞에서 채굴에 대해 언급했던 것을 기억할 것입니다. 10분에 12.5BTC씩 생성된다고요. 사실은 12.5TC+10분간의 이체 수수료의 총합만큼 채굴자들에게 분배됩니다. 채굴자들은 단순히 코인을 채굴하는 것이 아니라 그 자체로 비트코인의 안정성을 보강하면서 원활한 전송까지 보장하는 작업을 하는 것입니다.

왜 10분이나
걸리나요?

10분은 어떤 시간일까요? 비트코인의 블록이 생성되는 시간입니다. 정확하게 10분이 걸리는 것이 아니고 확률적으로 평균값이 10분입니다. 만일 A에서 B로 코인을 보내면 최초 10분에 1컨펌Confirm이 발생하고 그다음 블록 생성 시 자동적으로 2컨펌이 되고 10분마다 자동으로 1컨펌씩 늘어납니다. 1컨펌이 발생해서 블록에 자신의 전송이 기록이 되면 이 코인은 내 소유가 되어 사용 가능해집니다.

그런데 왜 블록 생성 시간을 10분이나 길게 생성을 했을까요? 몇 초만 있어도 네트워크에 전파가 가능할 텐데 말입니다.

그것은 확률적으로 안정적인 비트코인 시스템을 유지하기 위해서입니다. 비트코인 네트워크는 P2P 시스템입니다. 거래 내역들이

전 세계 곳곳의 모든 PC에 빠짐없이 전파되어야 합니다. 만일 중간에 네트워크가 단절되어서 한국은 한국 내에서만 네트워크가 빠르고 미국은 미국 내에서만 네트워크가 빠른 일이 발생하게 되면 한국의 거래 내역은 한국 내에서만 전파되고 미국의 거래 내역은 미국 내에서만 전파됩니다. 만일 한국과 미국 사이의 네트워크가 원활하지 않으면 한국과 미국이 각각 독자적으로 비트코인 거래 내역을 보관하게 됩니다. 그러다가 네트워크가 다시 원활해지면 그동안 밀린 거래 내역을 서로 검증하게 됩니다. 서로 검증하고 이상이 없으면 계속 진행하게 되고 검증해보니 문제가 있는 부분이 있다면 문제가 있는 블록은 버리고 문제가 없는 블록을 받아들이게 됩니다. 만일 10분간 한국과 미국의 인터넷망이 단절된다면 한국과 미국은 각자 독자적인 거래 내역들을 가지게 되고 비트코인 시스템에 문제점들을 야기할 수 있습니다. 그래서 최초 개발 시에 10분으로 설정을 했습니다.

비트코인을 사용하려면 비트코인 지갑을 직접 설치하는 방법, 거래소 지갑을 이용하는 방법, 웹 지갑을 이용하는 방법 등이 있습니다. 이 중에서 비트코인 코어 지갑을 이용하려면 블록체인을 다운 받아야 합니다. 블록체인은 지금까지의 모든 거래 내역을 전부 기록해둔 거래 내역입니다. 비트코인 코어의 파일은 별로 크지 않습니다. 이 지갑을 설치하면 자동 실행되면서 맨 먼저 P2P를 이용해 주변에서 가장 가까운 비트코인 지갑을 찾습니다. 그다음 이 지갑과 연결된 다른 지갑들을 네트워크상에서 찾아 서로 통신을 시작하고 다른 지갑들이 가지고 있는 블록체인을 다운받아 옵니다.

  그런데 블록체인의 용량이 매우 크고 블록을 검증하면서 다운받아 오는 탓에 시간이 굉장히 오래 걸립니다. 이렇게 블록체인을 모두 받아오는 과정을 '동기화'라고 하며 동기화가 끝나야 비로소 자기 지갑의 잔액이 온전하게 나타납니다. 이때부터 비트코인의 보내기와 받기를 정상적으로 할 수 있습니다.

블록체인과 지갑은
어떤 관계인가요?

앞에서 블록체인에 대한 얘기가 잠깐씩 나왔었죠? 이쯤에서 블록체인을 한 번 정리하고 넘어가겠습니다.

비트코인에는 최초 블럭 Genesis Block 이 존재하는데 이 블록에는 최초의 어떤 암호화된 문자열이 들어 있습니다. 이후 최초 10분간 각 비트코인 지갑들끼리 비트코인 송수신이 발생하고 이 거래 내역들을 비트코인 채굴자가 모읍니다. 10분간 모은 거래 내역들을 잘 정리한 뒤 하나의 파일로 만듭니다. 이 블록을 기존의 최초 블록에 이어 붙입니다. 그다음 또 10분간 거래 내역으로 블록을 만들고 이것을 기존 블록에 다시 연결하고 또 연결하는 모양이 됩니다. 이것을 블록체인이라고 합니다.

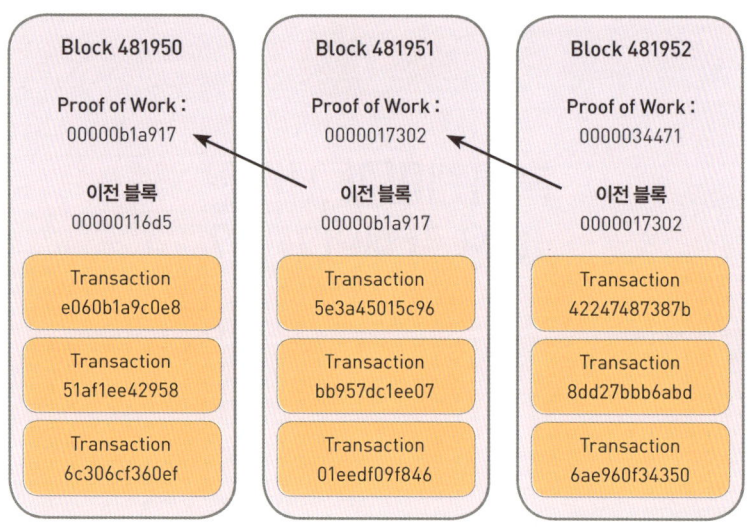

　　블록체인은 비트코인 자체이자 또 비트코인 보안성의 핵심입니다. 비트코인 지갑은 이 블록체인을 통해 자신의 지갑에 얼마가 들어 있는지, 얼마를 썼는지 체크하며 이중 지불 방지 및 코인 복사를 원천적으로 방지하고 외부의 공격을 방어할 수 있습니다.

비트코인 지갑 프로그램의 구성

　　비트코인 지갑은 엄밀히 말하면 '지갑 프로그램+지갑 UI(눈에 보이는 부분)+지갑 파일+블록체인'으로 구성되어 있습니다.

지갑 프로그램: 'bitcoind 데몬'이라고 부르는 프로그램으로 항상 램에 상주하면서 계속해서 P2P 통신을 하는 실질적인 비트코인 프로그램입니다.

지갑 UI: 비트코인 QT라고 부르는 부분이며 화면에 나타나는 부분입니다. QT가 데몬을 구동하고 데몬과 통신합니다.

지갑 파일: wallet.dat으로 실질적으로 자신의 비트코인이 들어 있는 가장 중요한 파일입니다. 이 파일이 탈취당하면 자신의 코인을 도둑맞을 수도 있습니다.

블록체인: 모든 거래 내역이 담긴 장부와 같은 파일입니다

블록체인과 지갑

예를 들어 어떤 사이트에 자신의 포인트를 적립했다고 가정해보겠습니다. 보통 해당 사이트에는 최종 잔액이 저장됩니다. 회원이 자신의 포인트를 볼 때는 저장되어 있는 최종 잔액을 눈으로 확인하는 것입니다.

비트코인 지갑은 단순히 저장되어 있는 최종 잔액을 보여주는 방식이 아닙니다. 비트코인 지갑을 켜면 프로그램이 맨 먼저 하는 일은 블록체인 동기화가 완료되어 있는지 확인하는 일입니다. 동기화가 끝나고 나면 블록체인에서 자기 지갑의 거래 내역들을 전부 확인합니다. 만일 블록체인에서 A라는 지갑이 10코인을 받고 3코인을 썼다면 7코인이 남은 것을 최종 잔액으로 표현하는 방식입니다.

비트코인은 복사하기가 쉽지 않나요?

　인터넷에 불법 영화, 음악들의 복제판이 많이 돌아다니고 있습니다. 컴퓨터에서 '복사-붙여넣기'를 하면 쉽게 2개, 3개로 복사됩니다. 비트코인도 인터넷에서 얻어오는 것이니 쉽게 복사될 것 같아 걱정되기도 합니다. 정말 안전한 것일까요?

　결론부터 말씀드리면, 비트코인은 복제에서 안전합니다. 블록체인이 비트코인의 핵심이고 비트코인 지갑에는 비트코인 잔액이 표현되지 않습니다. 여느 프로그램들처럼 비트코인을 복사해서 전송하고 사용하는 방식이 아닙니다. 흔히 잘못 생각하는 것은 비트코인 지갑 A가 10코인이 있으니 A지갑을 2개로 복사하면 10코인 2개를 쓸 수 있다는 것입니다.

비트코인 지갑은 해당 지갑의 소유권을 나타내는 역할을 할 뿐이 지갑에 얼마가 있다는 것을 보장하는 역할이 아닙니다. 지갑에 얼마가 들어 있는지는 블록체인을 통해 지갑 A에 들어 있는 코인을 확인하는 방식입니다. 만일 지갑 A를 여러 개 복사한다고 가정해보겠습니다(실제로 복사는 됩니다). 2개의 PC에서 동일한 비트코인 지갑을 사용할 수는 있습니다. 만일 A에서 1코인을 사용한다면 또 다른 복사 A지갑에서도 거의 동시에 1코인이 사용되었다고 지출 내역이 나옵니다. A지갑과 복사 A지갑은 다른 곳에 존재하지만 네트워크상에서 연결되어 같은 지갑의 역할을 합니다.

결론은 지갑 자체는 복사가 가능하지만 지갑은 소유 증명만 나타내고 해당 지갑의 잔고는 블록체인을 통해 결정되는 것이므로 코인의 복사는 불가능합니다.

비트코인은 해킹을 당하기
쉽지 않나요?

비트코인 시스템을 이해한다면 비트코인이 해킹을 당하는 것이 왜 어려운지를 이해할 수 있습니다. 블록체인은 비트코인 그 자체이자 보안 요소입니다. 비트코인에 대한 해킹은 주소 개인키에 대한 해킹과 블록체인에 대한 해킹의 두 분류가 있습니다.

첫째, 비트코인 주소 개인키에 대한 해킹에 관해 얘기해보겠습니다. 약간 기술적인 이야기를 다룰 것입니다. 암호화 방식으로 비대칭 개인키-공개키 방식이라는 것이 있습니다. 복잡한 용어는 생략하고 가능한 한 이해하기 쉬운 용어를 쓰겠습니다. 처음에 비트코인 주소를 생성하면 A라는 알파벳 숫자의 조합(ex. 5JyG6MzoU9ML74TjobHvdoN9Noz11pCiisjSRAR1beGiSsJPngT)이 생성되고 이 암호화 문자

A가 지갑에 들어갑니다. 이 암호화 문자 A를 컴퓨터로 일정한 공식 대로 마구 뒤섞고 계산 복잡하게 해서 새로운 문자 B를 만들어냅니다(ex. 1DDENJTTiAkzuwtQbDqdDQzedWZeSYcu3Q).

A는 자기만 가지고 있고 이 A는 아무도 추정할 수 없습니다. 컴퓨터의 공식대로 계산하면 A를 가지고 B를 만들 수는 있지만 아무도 B를 가지고 A를 만들어낼 수는 없습니다. B를 가지고 A를 만들어내려면 공식을 이용한 방법으로는 불가능하고 확률에 의해 무작위 대입을 하는 수밖에 없습니다. 굉장히 많은 경우의 수를 대입해야 하는데, 현재의 컴퓨터 기술로는 이를 해독하는 것이 불가능합니다. 만일 해독이 가능하다면 비트코인뿐 아니라 지구상에 현존하는 모든 암호 체계는 전부 무력화되고 은행·카드·증권 부분의 모든 시스템이 붕괴된다고 생각하면 됩니다. 그래서 비트코인 주소 개인키에 대한 해킹은 불가능에 가깝습니다.

둘째, 블록체인에 대한 해킹입니다. 다시 한 번 말하자면 지갑 A에 얼마가 들어 있는지는 블록체인에 지갑 A로 얼마가 들어왔는지 혹은 나갔는지를 검증해서 계산합니다. 만일 누군가가 블록체인을 해킹해서 그 안의 숫자를 바꾼다면 지갑 A에 들어 있는 코인의 양을 바꿀 수도 있을 것 같습니다. 그래서 누군가가 열심히 블록체인 프로그램을 뜯어 중간에 숫자를 하나 바꿔서 다른 곳으로 전파했다고 가정해보겠습니다. 이 변조된 블록체인은 비트코인 네트워크에 연결되자마자 다른 PC들에 의해 거부를 당하고 오히려 이 PC가 외부의 올바른 블록체인을 가져와서 다시 정상적인 것으로 바뀔 것입니다.

자기 PC 안에 있는 혼자만의 블록체인을 변조해서 잠시나마 자기 지갑에 들어 있는 코인의 양의 숫자가 늘어난 것처럼 보일 수는 있습니다. 하지만 사용하지 못할 코인이므로 변조라고 볼 수는 없습니다. 누구에게나 쉽게 들킬 위조지폐를 만들어놓고 사용하지 못하는데 위조하는 데 성공했다고 할 수는 없을 것입니다.

궁금한 블록체인의 위치

블록체인은 비트코인 코어 지갑 프로그램을 사용하는 모든 PC에 들어 있습니다. 코어 프로그램이 아닌 다른 지갑은 블록체인을 다른 사이트에 있는 것을 참조해서 사용하는 방식입니다.

모든 PC에 있는 블록체인은 모두 동일한 파일을 보유해야 합니다. 만일 중간에 누군가가 의도를 가지고 블록체인을 변조해서 퍼뜨리면 다른 PC에서는 이 파일을 주변의 블록체인과 비교한 후 변조된 블록체인을 거부합니다. 그러므로 혼자서 변조한다고 해도 주변의 모든 PC가 이를 거부하므로 블록체인에 대한 변조는 어렵습니다. 다만 블록체인에 위협을 가하는 여러 가지 방법은 존재합니다.

비트코인은 해킹에 대해
안전한가요?

비트코인도 얼마든지 해킹을 당할 수 있습니다. 아니, 무슨 말인가요? 앞에서는 비트코인은 해킹 당할 염려가 없다고 하지 않았나요?

둘 다 맞는 말입니다. 은행 자체의 보안은 매우 튼튼해서 은행 자체가 해킹 당할 일은 거의 없지만, 은행을 사용하는 사용자의 PC가 해킹 당하는 일은 종종 발생하곤 합니다. 비트코인도 마찬가지입니다. 비트코인 자체의 보안성은 매우 뛰어나고 안정적이지만, 그 비트코인을 넣어두는 PC 자체는 사용자의 환경에 따라 바이러스 등에 의해 보안이 매우 취약할 수 있습니다. 이 경우 엄밀히 말하면 비트코인이 해킹을 당한 것은 아닙니다. 은행 사이트에서 피싱이 발생했다고 은행이 해킹을 당했다고 말하지 않는 것과 같습니다.

다음과 같은 경우에 비트코인이 탈취될 수 있습니다.

첫째, 비트코인 지갑을 넣어둔 PC의 보안 상태가 엉망인 경우입니다. 비트코인 탈취 사고가 발생하는 가장 일반적인 경우입니다. 정상적이지 않은 사이트에 가서 무의식적으로 '프로그램 설치'를 누르다 보면 자기도 모르게 트로이$_{Troy}$나 키로거$_{Key\ logger}$ 프로그램이 설치되는 경우가 있습니다. 이때 PC 사용자의 모든 화면이나 키보드 클릭 등이 모두 해커에게 넘어갑니다. 이렇게 되면 PC에 들어 있는 비트코인 지갑이나 비밀 번호가 탈취되어서 자신의 코인을 도둑맞을 수 있습니다.

둘째, 비트코인 지갑에 대한 관리가 부실하고 암호화를 하지 않거나 암호가 간단한 경우입니다. 비트코인 지갑은 적절한 백업$_{Backup}$이 필요합니다. 백업하지 않은 상태에서 PC가 제대로 실행되지 않으면 비트코인이 사라질 수도 있습니다. 그래서 백업을 해야 하는데 백업 파일을 안전하지 않은 이메일에 넣어두거나 바이러스에 걸린 USB 등에 넣어두어 탈취될 수 있습니다. 이 경우 지갑 자체에 강력한 암호화가 되어 있으면 지갑 자체가 탈취되어도 지갑에 들어 있는 코인은 도둑맞지 않습니다. 그런데 암호 설정을 해두지 않으면 코인을 도둑맞게 됩니다. 혹은 암호가 굉장히 간단하다면 해커가 무작위 대입을 통해 암호를 찾아내어 코인을 도둑맞게 됩니다.

셋째, 코인을 넣어둔 거래소의 계정 보안이 허술한 경우입니다. 거래소에서 코인을 출금할 때 많은 경우 OTP(One Time Password, 일회용 패스워드)라는 프로그램을 이용해서 안전하게 출금을 합니다.

OTP

은행에서 사용하는 OTP 대신에 스마트폰에서 사용하는 OTP입니다. 이 OTP를 사용하면 거래소의 전송 시 안전하게 사용 가능합니다. 대신 많은 양의 코인을 관리한다면 OTP만 전용으로 사용하는, 개통을 하지 않은 스마트폰을 사용하는 것이 좋습니다.

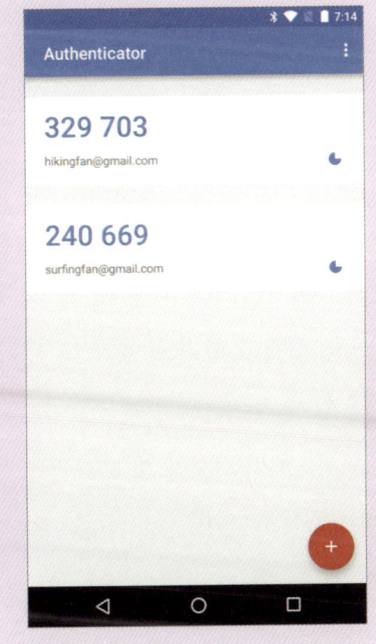

양자 컴퓨터가 나오면
비트코인이 해킹 당한다던데요?

양자 컴퓨터가 나온다면 비트코인은 해킹 당하게 됩니다. 양자 컴퓨터의 굉장히 빠른 연산 속도로 비트코인 개인키를 순식간에 만들 수 있으므로 지갑의 암호화를 양자 컴퓨터로 풀어낼 수 있습니다.

하지만 비트코인 암호화가 깨질 정도면 지구상의 모든 은행·금융 등의 암호화도 무사하지 못한다고 했었죠? 그러므로 양자 컴퓨터가 나올 때쯤이면 양자 컴퓨터로도 해독할 수 없을 정도의 더 복잡한 새로운 암호화 시스템이 나오게 되고 모든 금융 시스템의 암호화도 전부 변경될 겁니다. 마찬가지로 비트코인도 암호화가 변경될 겁니다.

결론을 말씀드리면, 양자 컴퓨터가 나오면 지금의 비트코인 시스템을 해킹할 수는 있습니다. 하지만 동시대의 비트코인 시스템은 해킹할 수 없을 것입니다.

> **양자 컴퓨터**
>
> 현재의 컴퓨터는 반도체를 이용하여 0과 1이라는 2가지 상태를 이용하여 연산 작용을 수행합니다. 이에 반해 양자 컴퓨터는 원자를 이용한 방식으로 양자의 특성인 중첩 현상까지 정보 처리에 사용할 수 있어서 연산의 경우의 수를 늘림으로써 연산 속도가 획기적으로 빨라집니다. 최근의 급격한 발전으로 양자 컴퓨터의 상용화가 머지않은 미래에 다가올 것으로 예상됩니다.

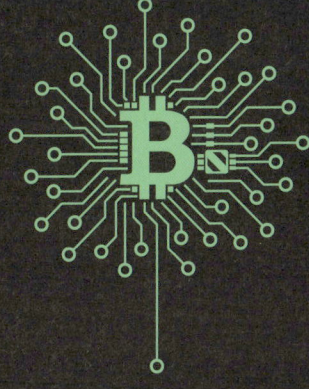

CHAPTER 03

비트코인 지갑은 어떻게 만드나요?
실전 전자 지갑 만들기

BITCOIN

비트코인 지갑에는
어떤 종류가 있나요?

　비트코인 지갑은 데스크톱, 모바일, 하드웨어, 웹 지갑 등이 있으며 각각 여러 프로그램이 있습니다.
　데스크톱 지갑은 종류에 따라 모든 장부를 자신의 PC에 보유하는 방식(이하 풀 노드 Full node)과 장부는 다른 중앙 서버를 이용하고 잔고 데이터만 가져오는 방식(이하 라이트 노드 Light node)이 있습니다. 풀 노드는 모든 장부(이하 블록)의 동기화가 끝날 때까지 사용할 수 없으며 시간은 PC의 네트워크 및 CPU 성능에 따라 2~7일 정도 걸립니다. 라이트 노드는 이에 반해 설치하고 나서 몇 분이면 사용할 수 있습니다. 각각의 장단점은 아래와 같습니다.
　풀 노드의 장점(라이트 노드의 단점)입니다.

첫째, 비트코인 전송에 대한 완전한 보안이 가능합니다. 자체 노드에서 전송 데이터가 발송되므로 이 전송이 어디에서 생성된 것인지 어느 누구도 알지 못합니다. 라이트 노드는 전송 데이터가 중앙 서버를 통해 나가므로 완전한 보안이 가능하지 않습니다. 완전한 보안이 아니라고 해서 비트코인 해킹의 위험이 증가한다는 의미는 아닙니다. 노출될 수 있는 정보는 어떤 주소가 어떤 IP에서 발송이 되었는지에 대한 정보가 서버에 남을 수 있다는 의미입니다. 이에 반해 풀 노드는 어떤 주소가 어떤 IP에서 발송되었는지 알지 못합니다. 내 노드에서 코인 전송을 다른 PC에 전달하는 경우(이하 브로드캐스트Broadcast) 내 브로드캐스트를 받은 PC는 이 전송이 내가 보낸 것인지 혹은 다른 것을 전달한 것인지를 알지 못하기 때문입니다. 일반 사용자에게 크게 의미를 주는 장점은 아닙니다.

둘째, 안정적 운영이 가능합니다. 버전 업이 되는 상황에 따라 안정적인 전송이 가능합니다. 노드 관리를 직접 하므로 블록의 변화(하드 포크Hard fork 또는 소프트 포크Soft fork)에 대해서 안정적으로 대처가 가능합니다. 하지만 이 부분의 컨트롤을 일반 사용자가 하려면 어려우므로 마찬가지로 일반 사용자에게 크게 의미를 주는 장점은 아닙니다.

셋째, 개인키의 입력과 추출이 용이합니다. 풀 노드 비트코인 코어Bitcoin Core에서 쉽게 사용할 수 있는 방법입니다. 종이 지갑을 만드는 경우, 개인키의 추출이 필요한데 다른 라이트 노드 지갑에 비해 개인키의 추출 및 입력이 간단합니다.

라이트 노드의 장점(풀 노드의 단점)입니다.

첫째, 사용이 용이합니다. 자체 블록을 사용하는 것이 아니라 중앙 서버에서 나의 잔고가 얼마나 있는지 체크하는 방식입니다. 그러므로 프로그램 설치부터 사용까지의 시간이 얼마 걸리지 않으며 사용이 간편합니다. 풀 노드의 경우, 블록 데이터가 140GB이므로 이 블록을 모두 받아오는 데 2~7일까지 걸립니다. 만일 CPU가 느리다면 더 오래 걸리기도 합니다.

둘째, 복구가 간편합니다. 시드seed 방식을 이용하여 주소를 관리하므로 지갑 복구가 간편합니다. 12/18/24개의 영어 단어를 잘 적어두면 혹시라도 지갑이 분실되어도 이 단어를 이용해 지갑 복구가 가능합니다. 풀 노드는 PC 명령어 사용에 어느 정도 능숙해야 지갑 손실 없이 안정적인 사용이 가능합니다.

모바일 지갑은 모두 라이트 노드입니다. 장점 및 안정성은 데스크톱의 라이트 노드와 같습니다. 더 추가한다면, 스마트폰에서 손쉽게 지갑 생성 및 코인 전송이 가능하다는 장점과 지갑 백업이 번거롭기 때문에 백업을 잘 관리하지 않으면 스마트폰 분실 시 코인도 같이 분실된다는 단점이 있습니다.

웹 지갑은 인터넷 브라우저를 이용한 지갑입니다. 현재 가장 많이 사용되는 웹 지갑은 블록체인인포~https://blockchain.info~ 입니다. 가장 오래된 웹 지갑 서비스로 아직까지 직접적인 사이트 해킹을 입거나 사용자 주소가 노출되는 등의 문제점이 발생하지 않았습니다. 다만, 개인키가 서버에 저장되는 방식이 아니므로 로그인 정보를 분실할 시 해당 코인의 복구가 불가능하므로 사용에 항상 주의해야 합니다. 특히 로그인 정보를 확실히 저장하지 않은 상태에서 인터넷 브라우저의 쿠키~Cookie~를 삭제하면 코인을 분실할 수도 있습니다.

하드웨어 지갑으로는 Ledger Nano S와 Trezor가 있습니다. Trezor가 먼저 생겼으나 다양한 코인 지갑 서비스를 더 많이 제공하는 Ledger가 인기를 끌고 있습니다.

지갑은 무엇이고
주소는 무엇인가요?

　주소는 비트코인을 수신하는 특별한 식별자입니다. '1PW3Kt4ozRPPZBHbdUu3kwKU1ad2QZBkPF'처럼 생긴 문자열입니다. 길이는 34자리가 가장 많지만 이론상 26~35자리까지 가능합니다. 이 주소 '1PW3Kt4ozRPPZBHbdUu3kwKU1ad2QZBkPF'에 코인을 보내는 것입니다.

　지갑은 하나의 큰 파일입니다. 그 안에 여러 주소가 존재하는 방식입니다. 비트코인 코어 기준으로 지갑 파일은 하나가 존재하며 그 지갑 안에 여러 주소가 만들어지는 방식입니다.

　비트코인 코어에서는 이 주소들로 수신된 잔액들을 합쳐서 하나의 잔액으로 표시합니다.

지갑 wallet.dat	
주소 1	1PYwWkq9HpXpzsBbdXdyzb6KM1GV746gE4
주소 2	1GF3cWUmxLgn7LNRk1PzbY3h29NaX5wLX5
주소 3	15ky4Y6zW8qzkTwpLjA6LiLMx64C5353J1
⋮	

하나의 지갑에서 이론상 주소 개수는 무한정으로 만들 수 있습니다. 왜 이렇게 구성이 복잡할까요? 그냥 지갑 하나에 주소 하나, 이러면 참 간편할 텐데 말입니다. 이런 장점이 있습니다.

첫째, 코인 보유자의 보안이 강화됩니다. 하나의 주소를 계속 사용한다면, 해당 지갑의 신원이 쉽게 노출됩니다. 그리고 해당 지갑의 잔고는 블록에서 쉽게 찾을 수 있으므로 그 사용자의 코인 보유량 또한 쉽게 노출되므로 신변의 위협을 받을 수 있습니다.

둘째, 다중 입금을 쉽게 식별할 수 있습니다. 가상 계좌를 떠올리면 이해하기 쉬울 것입니다. 쇼핑몰 등에서 여러 주소를 발급해두고 해당 지갑으로 잔고가 들어오는 경우 해당 입금을 특정 사용자의 입금으로 처리할 수 있습니다.

주소는
누가 만들어주나요?

　비트코인은 중앙망이 없는 P2P 분산 네트워크입니다. 그래서 주소를 발급할 기관이 없습니다. 하지만 지갑에서 주소 생성 버튼을 클릭하면 주소를 생성하는 데 1초가 걸리지 않습니다. 아니, 중앙망이 없는데 어떻게 주소를 생성하는 걸까요?

　비밀은 비트코인 주소는 비트코인 지갑에서 자체적으로 일정한 규칙대로 만듭니다. 지갑 주소는 랜덤으로 무작위로 발생해서 여러 가지 암호화를 시키는 방법으로 생성됩니다. 그러면 여기에서 궁금증이 또 생깁니다. 이렇게 주소를 만들다 보면 혹시 중복되지는 않을까요? 내가 만든 주소와 다른 사람이 만든 주소가 같은 경우는 생기지 않을까요?

그럴 수 있습니다. 하지만 그 확률은 굉장히 낮습니다. 내가 만든 주소가 다른 사람의 주소와 같을 확률은 로또 1등을 연속 11번 당첨될 확률과 비슷합니다. 그러므로 지갑에서 주소를 아무리 생성해도 같은 주소가 나올 확률은 매우 희박합니다.

일반적인 비트코인 주소는 '1BvBMSEYstWetqTFn5Au4m4GFg7xJaNVN2'처럼 1로 시작하는 문자열입니다. 다중 서명을 사용하는 주소는 '3J98t1WpEZ73CNmQviecrnyiWrnqRhWNLy'처럼 3으로 시작합니다.

비트코인 지갑 안에는 '1BvBMSEYstWetqTFn5Au4m4GFg7xJaNVN2' 같은 주소들이 여러 개 들어 있는 것이고 이 주소들은 프로그램에서 일정한 규칙에 의해 생성되는 것입니다.

비트코인을 이체하는 데
시간이 왜 오래 걸리나요?

내 주소 A에서 다른 주소 B로 코인을 보내면 몇 초 이내에 "A에서 코인이 왔습니다"라는 메시지가 B에 뜹니다. 하지만 메시지가 떴다고 바로 B지갑에 코인이 도착한 것은 아닙니다. 내 전송이 네트워크상에 전달이 되었을 뿐 아직 전송이 완료된 것이 아니기 때문입니다. 네트워크에는 A의 전송뿐 아니라 다른 전송들도 많이 이루어지는데 이 전송들이 블록에 기록되려고 서로 경쟁을 합니다. 이때 어떤 전송을 먼저 처리해줄 것인가에 대한 우선순위가 있는데 그 첫 번째가 수수료입니다. 포함된 수수료가 많으면 블록에 먼저 들어가게 되고 적으면 계속 경쟁에서 밀려 블록에 포함되는 것이 늦어집니다. 실수로 수수료를 굉장히 낮게 하는 경우에 운이 나쁘면 전송 완료를 하는 데 10일 정도 걸리기도 합니다.

이렇게 전송이 블록에 기록되는 것을 컨펌$_{Confirm}$이라고 합니다. 처음 블록에 포함되면 1컨펌이라고 합니다. 10분 뒤에 다음 블록이 생성되면 그 이전 블록은 2컨펌이 되었다고 합니다. 블록이 새로 생성되면서 A의 전송은 1컨펌씩 늘어나게 됩니다.

초기에는 이 컨펌이 6이 되어야 완전히 소유권이 이전되는 것으로 간주했습니다. 하지만 지금은 블록체인이 공고해져서 1컨펌만으로도 소유권이 이전되고 있습니다.

그런데 10분이라는 시간을 정한 이유는 무엇일까요? 시간이 이렇게 필요한 이유는 확실하게 도착을 한 것인지, 이 코인이 부정하게 사용되거나 네트워크 단절로 잘못된 정보는 아닌지 확인을 해야 하기 때문입니다. 10분이라는 시간을 짧게 한다면 기술적으로 1분으로도 줄일 수 있습니다. 하지만 이렇게 하는 경우 네트워크가 10~20분간만 단절되어도 비트코인 네트워크에 혼란이 발생할 수 있습니다.

최소 이체 수수료는 보통 0.0005BTC로 설정을 합니다. 하지만 항상 0.0005인 것은 아니고 보내는 코인의 상황에 따라 약간씩 달라지기도 합니다. 어떤 주소는 0.1BTC씩 여러 번 받은 것을 모아서 1BTC를 보내고, 어떤 주소는 1BTC를 받은 것을 그대로 1BTC를 보낸다면 전자가 이체 수수료가 더 많이 발생하게 됩니다. 받은 전송 내역에 대해 모두 소유권 인증을 해야 해서 네트워크에 전파하는 양이 많아집니다. 이 크기가 커질수록 수수료가 많아집니다.

어떤 경우에는 전송이 거부되기도 합니다. 예를 들어 A주소에 0.1BTC씩 1000번 코인을 받았다고 하겠습니다. 그러면 총합이 100BTC가 되겠죠? 이 코인을 한 번에 100BTC를 보내게 되면 이전의 이체 기록을 전부 엮어서 소유 인증을 하고 하나의 기록으로 전송을 보내야 합니다. 이렇게 하면 이체 기록에 필요한 전송 내용이 굉장히 길어지게 되고 비트코인 네트워크에서 이런 전송을 거부하기도 합니다. 왜냐하면 내용이 너무 긴 경우 블록 형성에 어려움이 있거나 다른 전송 내역들이 뒤로 밀려서 그렇습니다.

다른 주소로
잘못 보냈어요

　비트코인 지갑 주소는 각자의 지갑에서 무작위로 생성됩니다. 비트코인 네트워크에서는 어떤 주소가 있는지 없는지를 판단하지 않습니다. 보내는 지갑은 일단 해당 주소로 비트코인을 보내는 것이고 해당 지갑이 알아서 블록체인에 올라온 코인을 자기 소유로 만드는 것입니다.

　만일 비트코인 주소를 중간에 한두 글자만 잘못 입력했다고 해봅시다. 이때는 비트코인 지갑 자체에서 이 주소가 유효한지 아닌지 검증하므로 잘못된 주소라고 오류가 발생하면서 전송되지 않습니다. 그러므로 실수로 틀린 주소를 입력하는 것은 큰 문제가 되지 않습니다.

코인 전송 방식

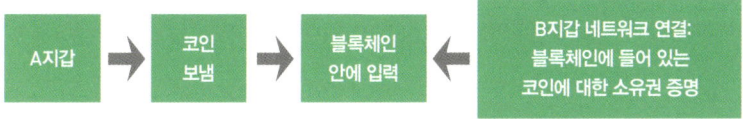

그런데 예전에 사용했지만, 지금은 지워버린 주소라거나 정말 우연히 잘못 입력했는데 그 주소가 유효한 주소라고 인정되면(실제 해당 주소가 존재하는지 하지 않는지는 판단하지 않습니다) 코인은 즉시 전송을 시작하고 코인을 블록체인 안으로 보내버립니다. 그러면 그 코인은 어떻게 될까요? 영영 블록체인 안에 남아서 해당 주소의 개인키로 블록체인에 접근하기 전까지는 사용하지 못하는 주소로 남게 됩니다. 하지만 확률적으로 그 주소가 생성될 확률이 얼마인지는 앞에서 언급했었죠? 한마디로 그냥 잃어버리는 코인이 됩니다. 그러므로 코인을 전송할 때는 반드시 복사&붙여넣기를 사용하거나 QR 코드를 이용해야 합니다. 절대로 키보드로 타이핑하면 안 됩니다.

그러면 코인을 보내는 방식을 살펴보겠습니다. 위의 그림처럼 A지갑에서 코인을 전송합니다. 보내는 지갑은 네트워크에 연결되어 있어야 합니다. 전송을 보내면 그 전송 기록은 네트워크에 전파되어 10분 뒤에 블록체인에 기록됩니다. 그 후 B지갑이 PC를 켜고 네트워크에 연결합니다. B지갑이 켜지면서 아직 동기화하지 않은 블록체인들을 읽어옵니다. 블록체인들을 읽어오면서 자신의 지갑 주소에 해당하는 코인이 블록체인에 있는지 확인합니다. 만일 코인이 블록체인에 들어 있다면 그 코인의 양을 지갑에 표현해줍니다.

　이런 과정을 거쳐서 이체되므로 수신 지갑은 반드시 온라인으로 연결되어 있을 필요는 없습니다. 극단적으로는 수신 지갑을 만들어서 USB에 백업을 해두거나 QR코드로 프린트해서 종이 지갑으로 만들고 원본 지갑을 삭제하고 나서 코인을 수신만 해두었다가 나중에 필요할 때 온라인으로 연결해 그동안 수신하지 않았던 코인들을 일괄 수신하는 방법도 가능합니다. 이때 USB 지갑 혹은 종이 지갑은 무기명 채권 같은 역할을 할 수도 있습니다. 하지만 저가의 USB의 수명은 유한하므로 그리 권장하는 방법은 아닙니다.

같은 주소를 동시에 다른 PC에서 사용하면 어떻게 되나요?

A라는 주소가 네트워크에 연결되어 있고 A를 복사(이하 A')해보겠습니다. 네트워크에 A와 A'를 동시에 켜둔다면 어떻게 될까요?

주소 B에서 주소 A로 1BTC를 보내봅니다. 그러면 2개의 주소 A와 A'는 동시에 코인을 수신합니다. C에서 주소 A로 코인을 또 보냈습니다. 마찬가지로 정상적으로 A와 A'에서 코인을 잘 수신합니다. 그러면 주소 2개에서 둘 다 잘 받았으니 코인이 2배가 된 것일까요?

이번에는 주소 A에서 B로 코인을 보냈습니다. 아니, 이런. 주소 A'에서도 동시에 코인이 빠져나갑니다. 이번에는 A'에서 지갑 C로 코인을 보내봅니다. 마찬가지로 A와 A'에서 동시에 같은 코인이 빠져나갑니다. 이렇게 100번 정도 코인을 보내기를 해봤습니다. 앗! 지갑 A

와 A'의 코인 잔액이 달라졌습니다. 이걸 어찌해야 하나요?

　위의 가정처럼 같은 주소를 2개의 PC에서 동시에 사용할 경우 동시에 사용할 수도 있지만 제한적으로 사용 가능하게 됩니다. 만일 해당 지갑에서 영원히 수신만 계속한다면 이 두 지갑의 잔액은 계속 정확하게 일치할 것입니다. 하지만 만일 어느 한쪽에서라도 이체를 실행시키면 주소가 어떤 지갑 프로그램을 사용하느냐에 따라 잔액이 조금씩 차이가 벌어져서 나중에는 완전히 달라지거나 잔액이 완전히 일치할 수도 있습니다. 지갑 프로그램별 자세한 설명은 별도로 추가하겠습니다.

실전 활용법 1
비트코인 코어 설치하기

예제 설치 환경: 윈도우10(64bit), Bitcoin Core 0.14.2

이제부터 비트코인 코어를 설치해보겠습니다. 맨 먼저 https://bitcoin.org에 접속합니다.

그다음 [비트코인 시작하기]를 클릭합니다.

2. 지갑 선택하기

여러분은 일상에서 모바일폰으로 비트코인 지갑을 가지고 다닐 수 있습니다. 아니면 온라인 지불만을 위해 컴퓨터에 지갑을 보관할 수도 있습니다. 둘 중 어떠한 경우이던, 여러분이 원하는 지갑을 고르는 것은 1분도 걸리지 않습니다.

지갑 선택하기

이 화면이 나타나면 [지갑 선택하기]를 클릭합니다.

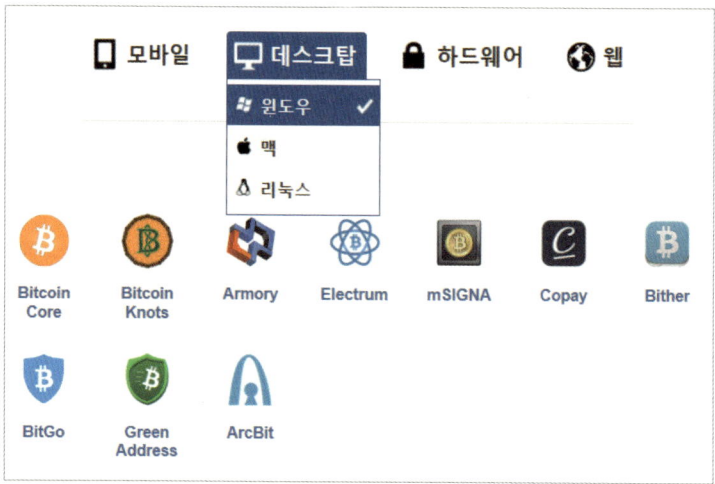

[데스크탑]에 마우스를 올리고 [윈도우]를 선택한 다음 Bitcoin Core 를 클릭합니다.

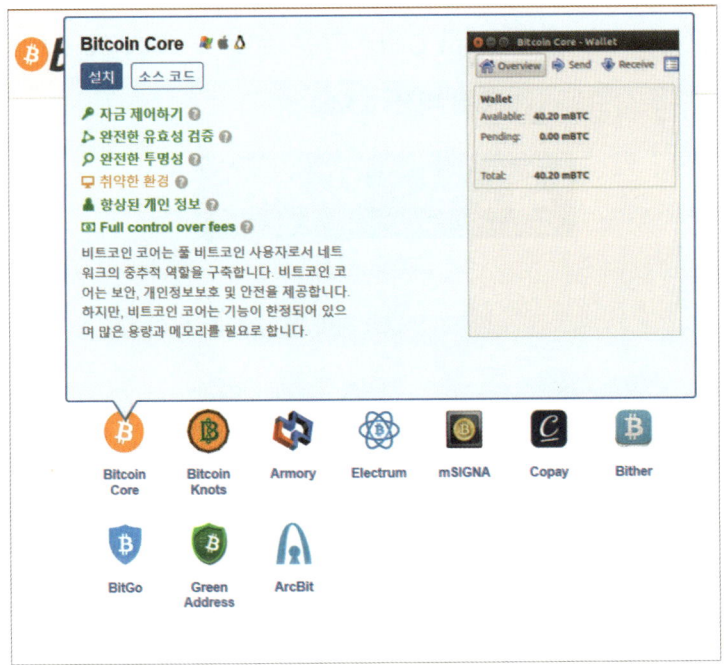

이제 [Bitcoin Core]의 설치 를 클릭합니다.

운영 체제를 선택할 차례입니다. 예제 설치 환경에 맞추어 'windows 64bit'를 선택합니다. 또는 여러분이 사용하고 있는 운영 체제에 맞는 버전을 선택하면 됩니다.

Edge를 사용한다면 실행 을 클릭하면 됩니다.

크롬을 사용한다면 ^ 부분을 클릭하면 됩니다.

혹시 아직도 Internet Explorer를 사용 중이라면 실행(R) 을 누르고 보안을 위해 엣지나 크롬을 사용하기를 권유합니다.

다시 한 번 Next > 를 클릭합니다.

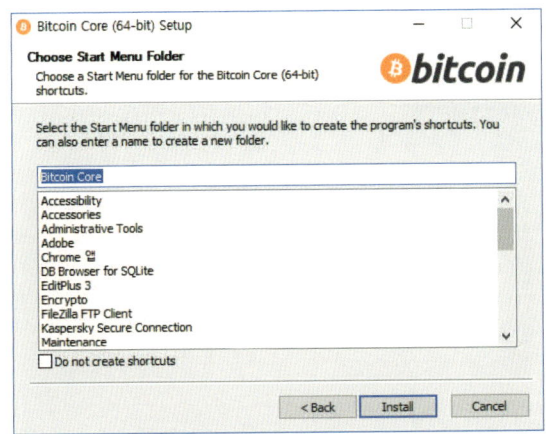

[Install]을 클릭하고 나서 설치가 끝나면 [Next]를 클릭합니다.

설치가 종료되었습니다. [Finish]를 클릭합니다.

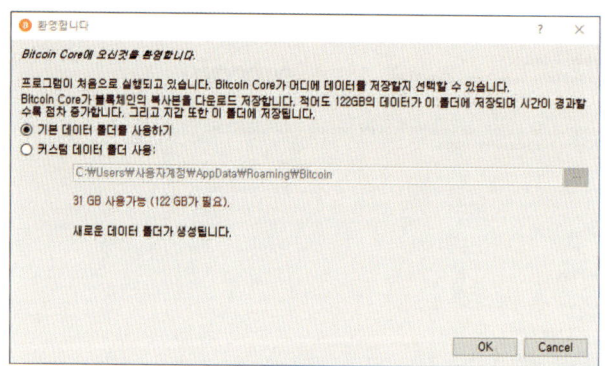

본인 컴퓨터 SSD 용량에 따라 [기본 데이터 폴더] 또는 [커스텀 데이터 폴더]를 사용합니다.

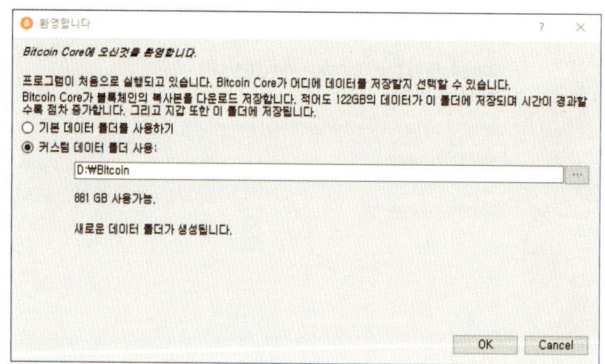

보통 많이 사용하는 SSD의 C드라이브는 하드 용량이 부족하므로 가능하면 용량이 큰 SSD를 부착하고 나서 D드라이브로 변경하는 것이 좋습니다.

여기서는 [커스텀 데이터 폴더]를 사용하여 D:\Bitcoin에 설치하겠습니다.

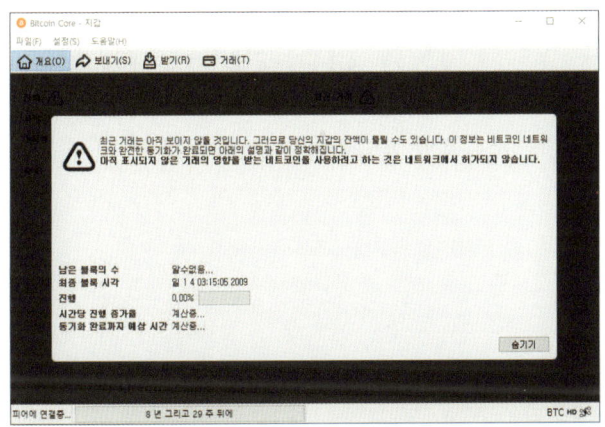

프로그램이 시작됩니다.

맨 아래의 8년 그리고 29주 뒤에 부분은 현재 8년 29주 전의 블록을 수신 받고 있다는 의미입니다. 이제 동기화가 시작됩니다.

실전 활용법 2
비트코인 코어 지갑 암호화하기

　동기화를 기다리면서 비트코인 지갑 암호화를 진행하겠습니다. 지갑에 암호를 걸어두지 않은 상태에서 이 파일이 외부로 유출되면 지갑 안의 모든 코인이 유출됩니다.

　먼저 안전한 암호부터 생각해봅니다. 생각한 그 암호가 안전한지 확인해보겠습니다.

　암호(비밀 번호)가 어느 정도 강력한지 알려주는 사이트 https://howsecureismypassword.net/으로 가보겠습니다. 타자 치기가 어렵다면 www.google.com에서 mypassword를 검색해도 됩니다.

시험 삼아 ddengle을 입력해보았습니다. 0.2초 만에 풀립니다.

ddenglecom은 59분이 걸립니다.

ddengle.com은 1년이 걸립니다.

www.ddengle.com으로 했더니 500만 년이 걸립니다. 이 암호로 결정했습니다.

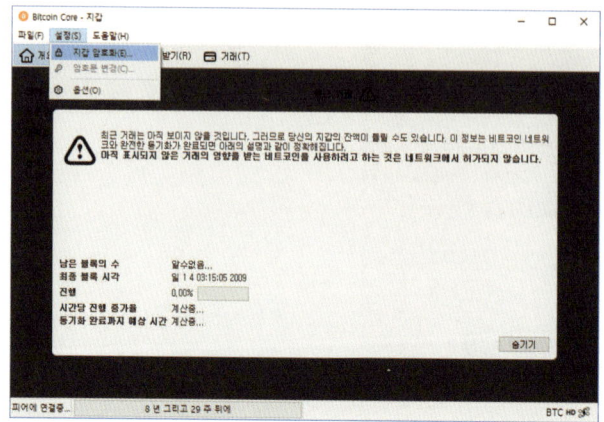

이 화면이 나타나면 [설정(S)]→[지갑 암호화(E)]를 클릭합니다.

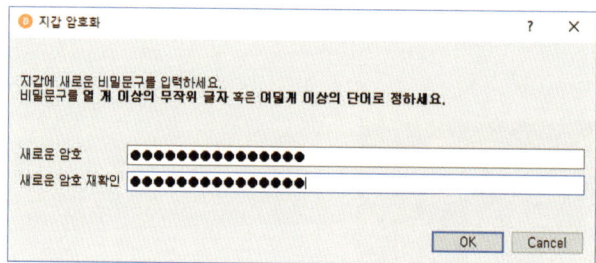

지갑을 암호화하는 과정입니다. 조금 전에 정해둔 안전한 암호를 [새로운 암호] 창에 입력하고 [새로운 암호 재확인]에 다시 한 번 입력합니다.

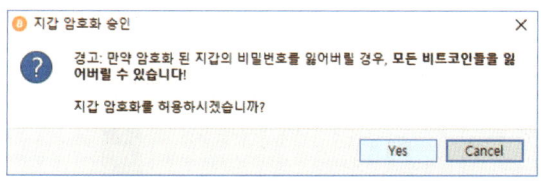

경고문이 뜹니다. 암호를 확실히 입력했다면 Yes 를 클릭합니다.

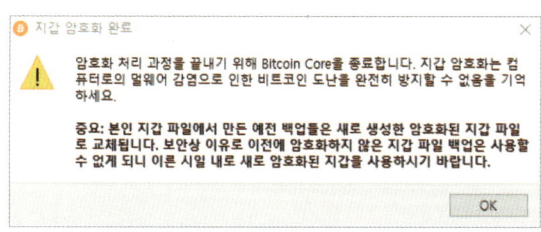

비트코인을 종료한다는 안내문이 뜹니다. OK 를 클릭합니다. 프로그램이 재시작되는 것이 아니고 종료만 되므로 사용자가 다시 실행시켜야 합니다.

미리 설치한 비트코인을 다시 실행합니다. 윈도우 왼쪽 아래의 (이하 윈도우 키)를 마우스로 클릭하고 의 [Bitcoin Core]를 클릭합니다.

내가 입력한 암호가 제대로 입력되었는지 확인합니다. 잘못하면 이 지갑에 코인을 보냈는데 빼지 못하는 일이 생길 수 있습니다.

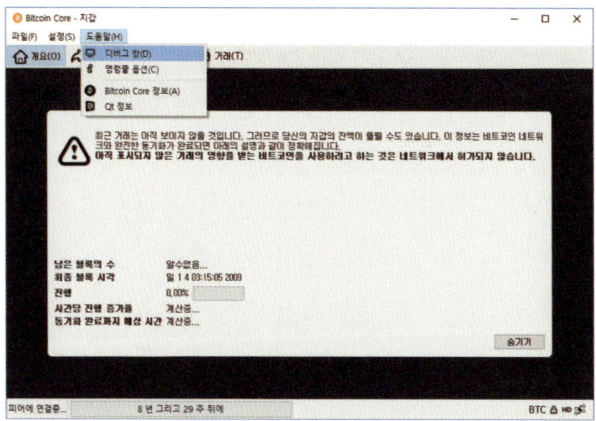

[도움말(H)]→[디버그 창(D)]을 클릭합니다.

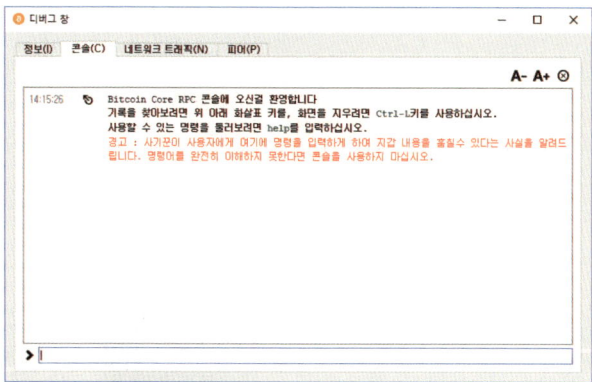

'디버그 창'이 뜨면 [콘솔(C)]를 클릭합니다.

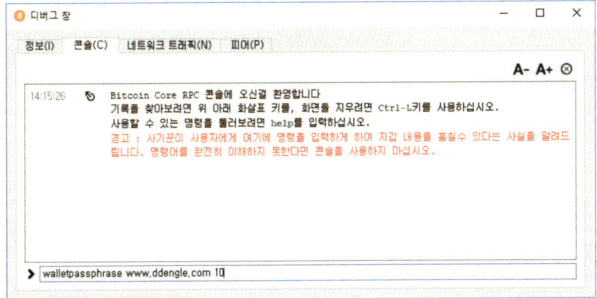

'walletpassphrase 암호 아무 숫자'를 입력하고 엔터키를 칩니다.

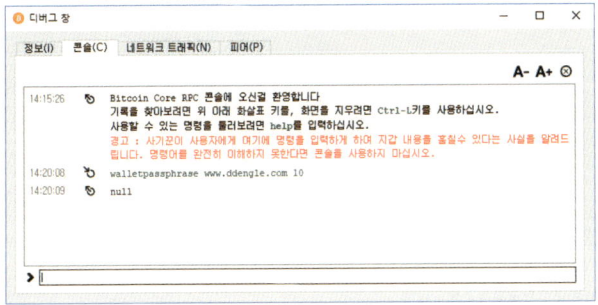

암호가 제대로 입력되었으면 'null'이라는 값이 나옵니다.

암호가 틀리면 Error: The wallet passphrase entered was incorrect.(code -14)가 출력됩니다. 만일 계속 암호를 입력해도 잘못되었다는 메시지 창이 뜨면 한영 변환을 해서 입력해보기 바랍니다. 가장 많이 실수하는 부분입니다.

실전 활용법 3
비트코인 코어 지갑 백업/복원하기

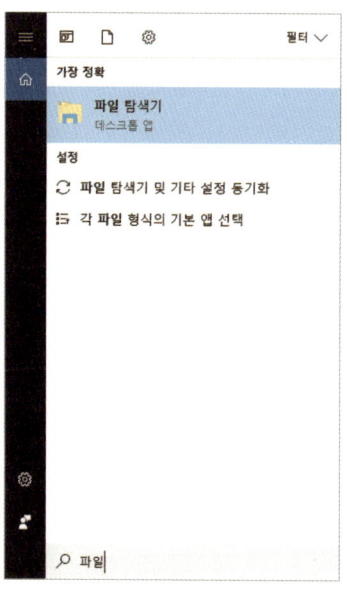

백업을 하려면 사전 작업이 필요합니다. 백업을 좀 더 안전하게 하기 위한 방법입니다.

윈도우키를 누르고 '파일 탐색기'를 입력한 다음 클릭합니다. '파일'만 입력해도 됩니다.

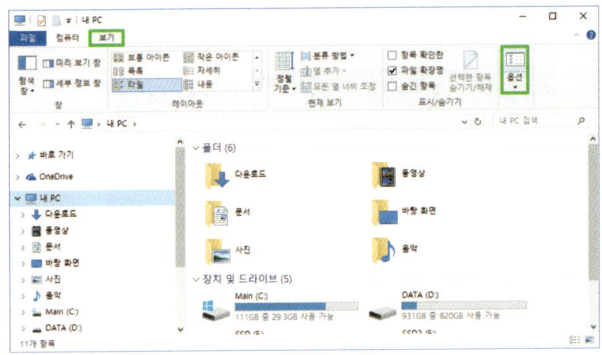

다음 화면의 [보기]→[옵션]을 클릭합니다.

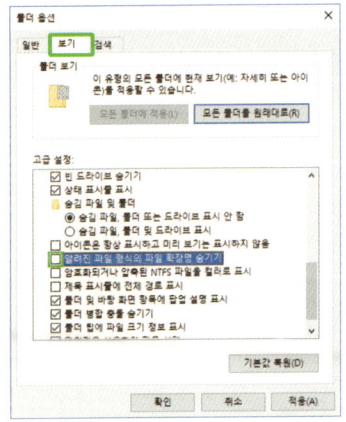

[보기]를 클릭하고 [알려진 파일 형식의 파일 확장명 숨기기]를 체크 해제한 다음 　확인　 을 클릭합니다.

백업하기 전에 내 지갑 주소 확인부터 해보겠습니다.

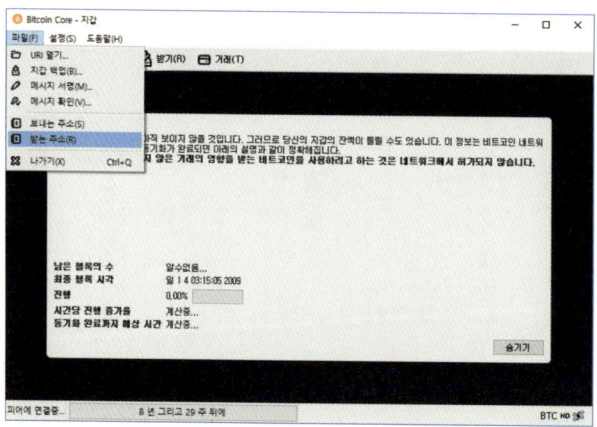

[파일(F)]→[받는 주소(R)]를 클릭합니다.

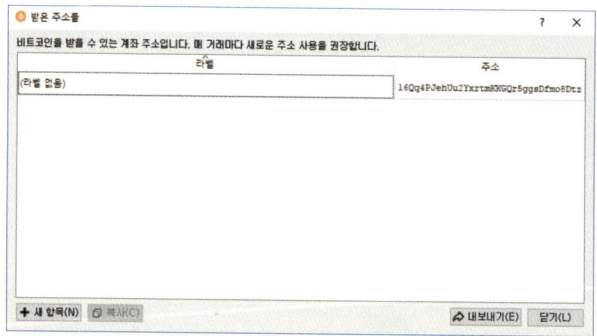

지갑에 기본적으로 '16Qq4PJehUu2YxrtmKKGQr5ggsDfmo8Dtz'라는 주소가 하나 있습니다. 이 주소에 라벨을 새로 붙이고 새 주소를 하나 더 만들겠습니다.

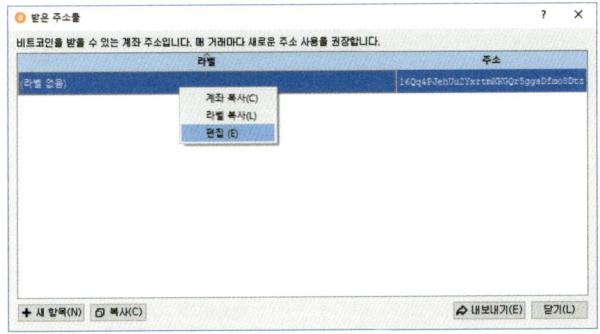

파란 부분을 우클릭한 다음 [편집(E)]을 좌클릭합니다.

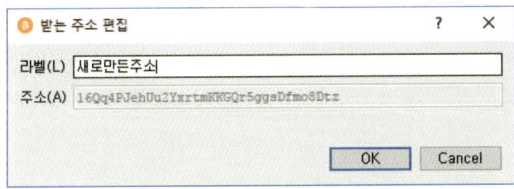

원하는 이름을 [라벨(L)]에 입력하고 OK 를 클릭합니다. 여기서는 '새로만든주소'라고 입력하였습니다.

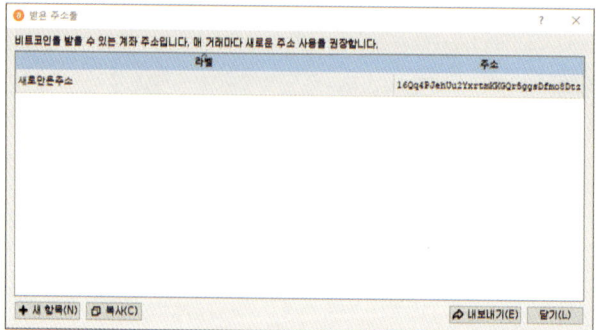

주소에 라벨이 생성되었습니다.

이제 새 주소를 만들겠습니다. ➕새 항목(N) 을 클릭합니다.

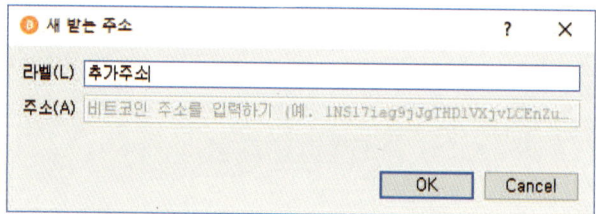

[라벨(L)] 창에 원하는 이름을 적고 OK 를 클릭합니다. 여기서는 '추가주소'라고 입력하였습니다.

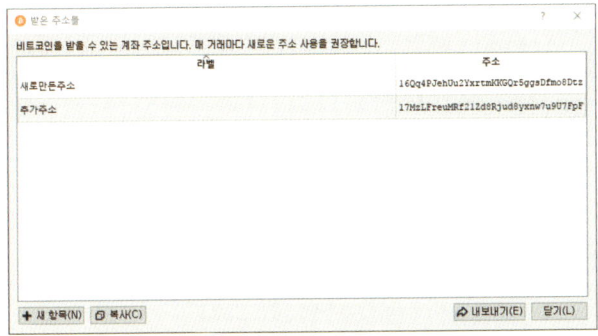

'17MzLFreuMRf21Zd8Rjud8yxnw7u9U7FpF'라는 주소가 추가로 생성되고 '추가주소'라는 라벨이 붙었습니다.

이제 본격적으로 백업을 시작합니다.

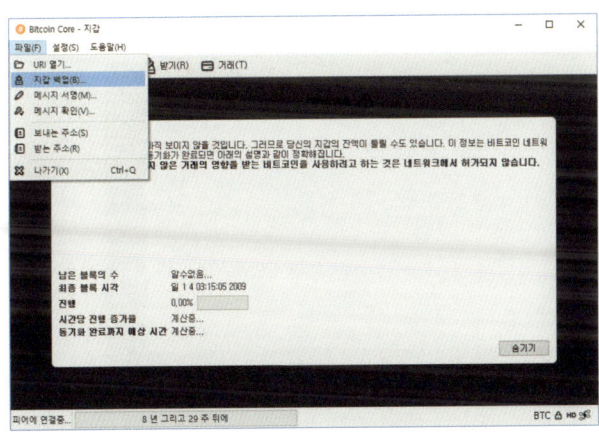

[파일(F)]→[지갑 백업(B)]을 클릭합니다.

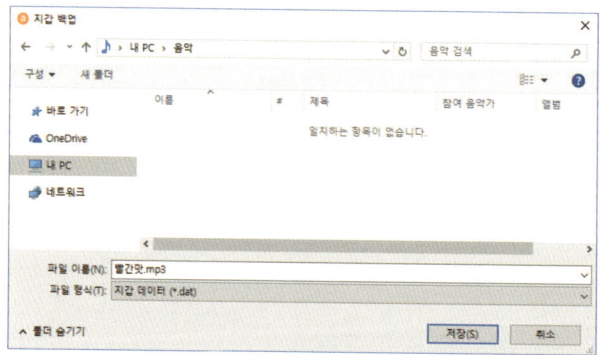

원하는 지갑 이름을 적고 저장(S) 을 클릭합니다. 예시에서는 '빨간맛.mp3'로 했지만, '리포트.doc'처럼 사용자 취향에 따라 마음대로 정해도 좋습니다.

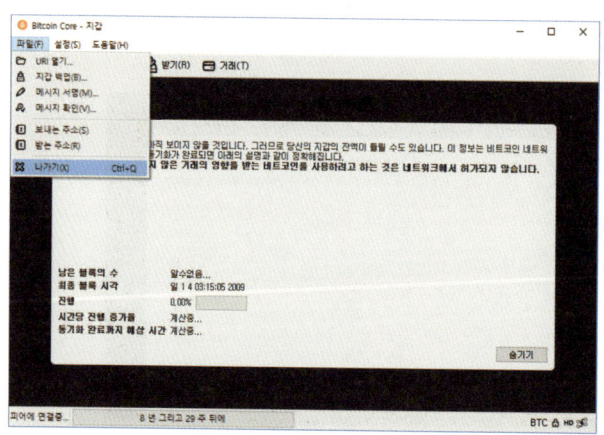

[파일(F)]→[나가기(X)]를 클릭해 프로그램을 종료합니다.

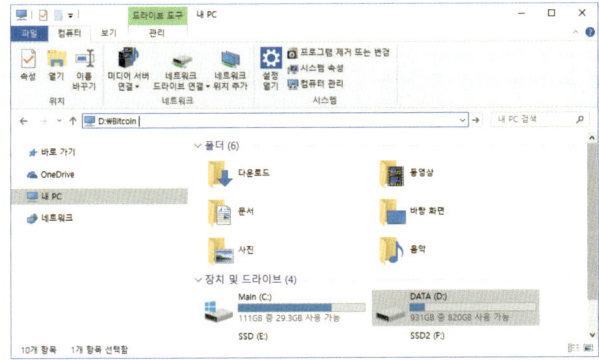

백업을 했으니 기존 지갑을 삭제하겠습니다.

'파일 탐색기'를 실행합니다.

D:\Bitcoin을 입력하고 엔터키를 누르면 됩니다.

혹시 이 책의 안내처럼 'D:\Bitcoin'으로 설치 경로를 입력하지 않은 경우에는 다른 곳에 있습니다. 이때는 당황하지 말고 '%appdata%\Bitcoin'을 입력합니다. 비트코인을 설치한 폴더로 바로 이동합니다.

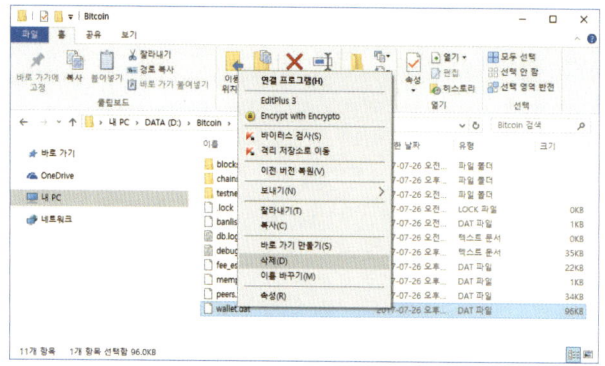

비트코인이 설치된 폴더로 이동했습니다. 'wallet.dat'이 지갑 파일이며 미리 백업한 이 'wallet.dat'을 다른 곳에 복사한 것입니다. 이 파일을 삭제하겠습니다. 이 파일을 우클릭한 다음 [삭제(D)]를 좌클릭합니다.

'wallet.dat'이 없는 상태에서 조금 전처럼 비트코인 코어를 시작해봅시다. 그러면 자동으로 새 주소를 가진 지갑 파일 'wallet.dat'이 생성됩니다.

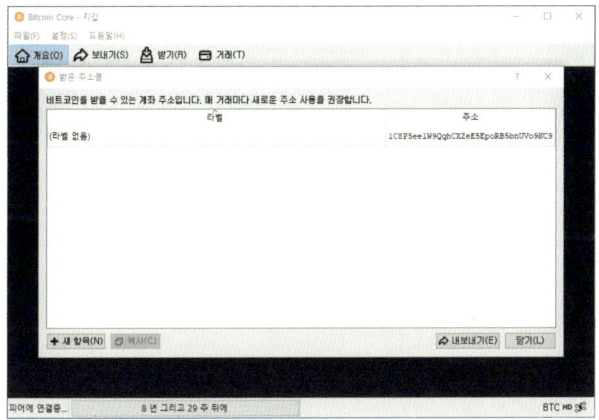

[파일]→[받는 주소]를 클릭하면 새 주소 '1C8P5ee1W9QqhCX ZeE5EpoRB5bnUVo9KC9'가 생성된 것을 확인할 수 있습니다.

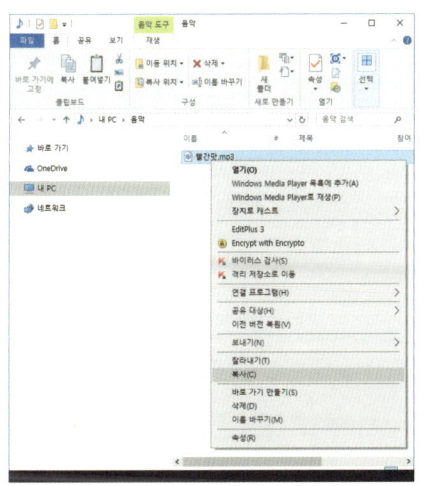

이제 백업한 지갑을 복구하겠습니다. '파일 탐색기'를 실행하고 지갑을 백업해둔 곳으로 이동합니다. 백업 파일을 우클릭한 다음 [복사(C)]를 좌클릭합니다.

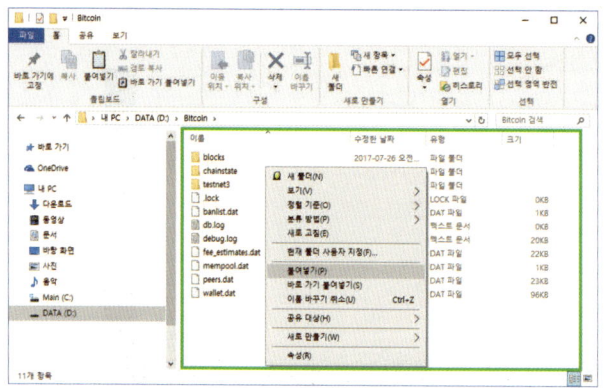

'Bitcoin' 폴더로 이동합니다.

초록색 ☐ 안쪽에서 우클릭하고 [붙여넣기(P)]에 좌클릭합니다.

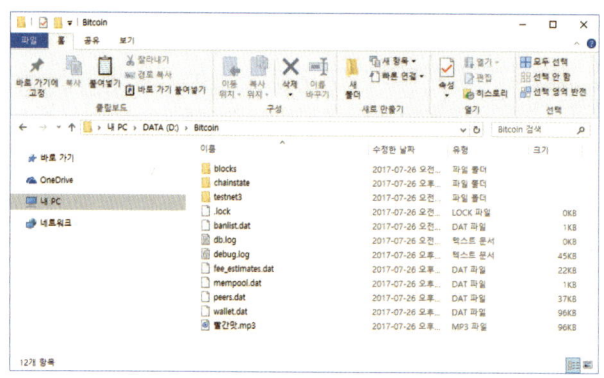

'빨간맛.mp3'가 복사된 것을 확인할 수 있습니다.

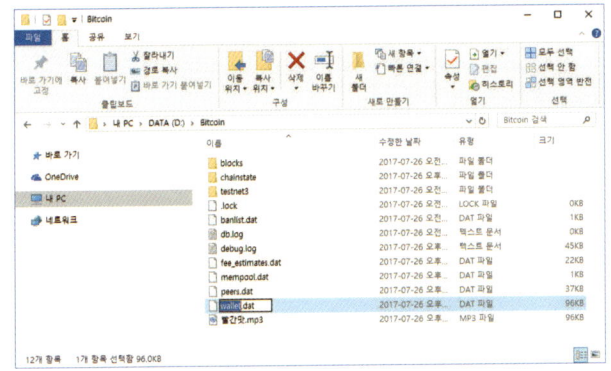

혹시 모르니 기존의 지갑을 삭제하지 않고 이름을 변경합니다.

'wallet.dat'을 좌클릭하고 [F2]를 누르면 위의 이미지처럼 바뀝니다. 변경하고 싶은 이름을 넣고 엔터키를 누릅니다.

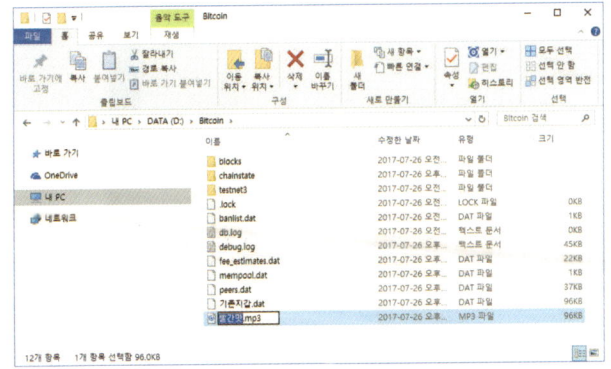

이번에는 '빨간맛.mp3'를 좌클릭하고 [F2]를 눌러서 이름을 'wallet.dat'으로 변경합니다.

CHAPTER 03 비트코인 지갑은 어떻게 만드나요? 실전 전자 지갑 만들기

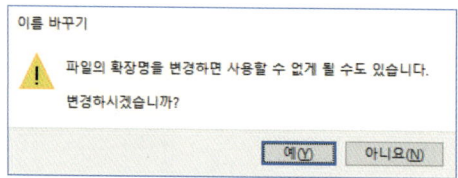

'이름 바꾸기' 경고 창이 열립니다. 걱정하지 말고 [예(Y)]를 클릭합니다.

다시 비트코인 코어를 실행합니다.

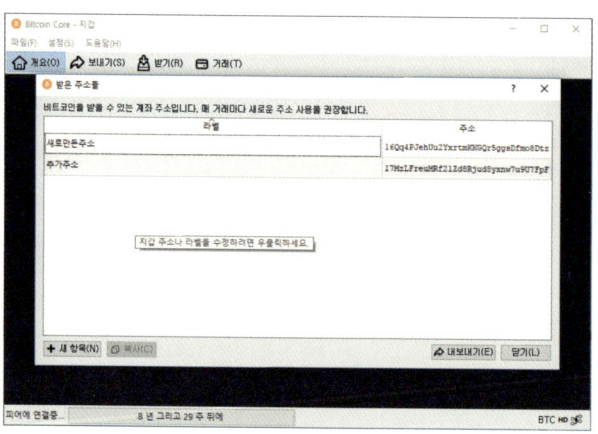

다시 한 번 [파일]→[받는 주소]를 클릭하면 조금 전에 만든 주소가 잘 나타나고 있는 것을 확인할 수 있습니다. 지갑의 백업과 복구가 잘 진행된 것입니다.

실전 활용법 4
비트코인 코어 설정하기

비트코인 코어를 실행한 경우에는 계속 동기화를 해야 하므로 PC를 켜놓은 상태를 유지해야 합니다. 계속 켜놓기 위한 설정을 하겠습니다.

맨 먼저 [설정(S)]→[옵션(O)]를 클릭합니다.

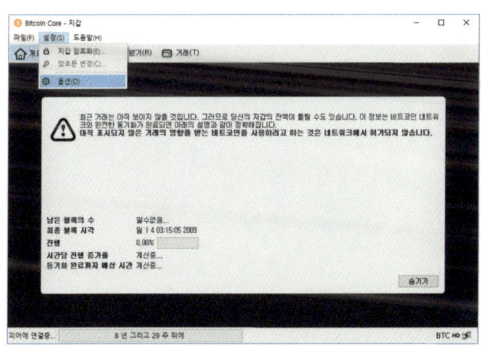

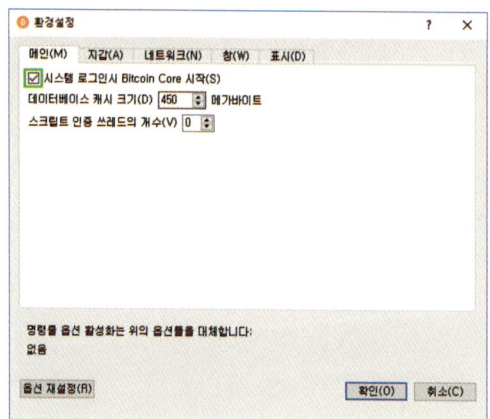

'환경설정' 창이 뜨면 [메인(M)]을 클릭하고 [시스템 로그인시 Bitcoin Core 시작(S)]을 체크한 다음 확인(O) 을 클릭합니다.

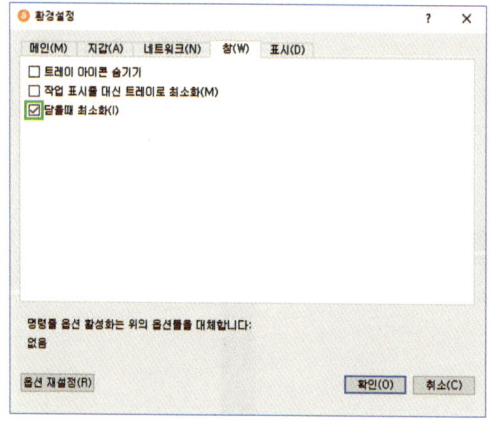

이번에는 [창(W)]을 클릭하고 [닫을때 최소화(I)]를 체크한 다음

[확인(O)] 을 클릭합니다.

이 2가지 작업을 해두면 실수로 비트코인 코어가 종료되지는 않습니다. 윈도우10을 사용하다 보면 자동 업데이트를 하고 PC가 꺼졌다 켜지는 경우가 많습니다. 이때 모르는 사이에 동기화가 끊겨버리는 일이 발생합니다.

윈도우키를 누르고 검색 창에 'gpedit.msc'를 입력합니다.

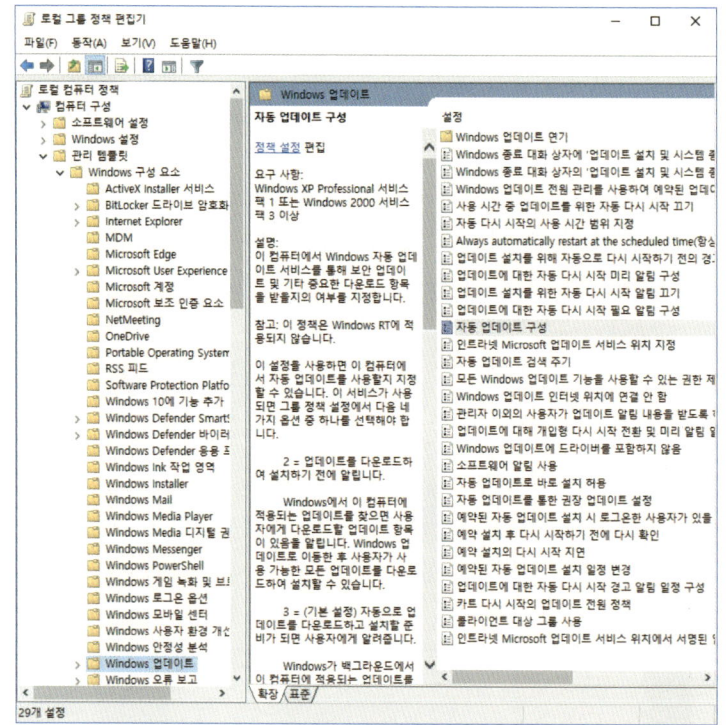

'로컬 그룹 정책 편집기' 창이 열리면 왼쪽 창에서 [로컬 컴퓨터 정책]→[컴퓨터 구성]→[관리 템플릿]→[Windows 구성 요소]→[Windows 업데이트]를 차례대로 선택하고 오른쪽 창에서 [자동 업데이트 구성]을 더블 클릭합니다.

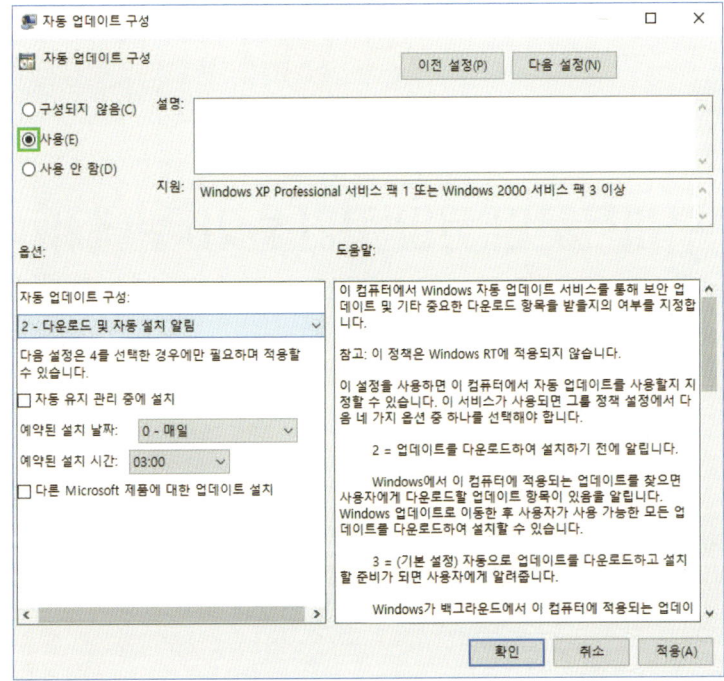

'자동 업데이트 구성' 창이 열리면 [사용(E)]을 선택하고 '옵션'에서 [2-다운로드 및 자동 설치 알림]을 선택한 다음 확인 을 클릭합니다.

이렇게 해두면 자동으로 업데이트되면서 PC가 꺼졌다 켜져서 동기화가 끊어지는 일은 없을 겁니다. 하지만 보안은 중요하므로 '업데이트' 알림이 뜨면 수동 업데이트를 하고 재시작이 필요한 경우에는 재시작하고 로그인을 하면 자동으로 비트코인이 시작됩니다.

실전 활용법 5
비트코인 코어 코인 받기/보내기

코인 받기

비트코인 코어 코인을 받아보겠습니다.

[파일]→[받는 주소]를 클릭하면 다음 화면으로 바뀝니다.

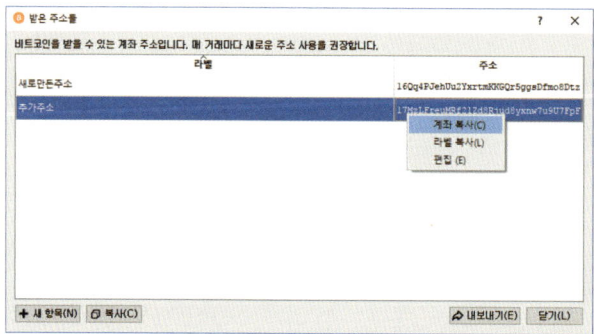

받고 싶은 주소에 마우스를 우클릭하고 [계좌 복사(C)] 메뉴를 좌클릭합니다.

이 주소를 코인을 보낼 곳에 붙여넣기 합니다. 또는 코인을 보내줄 사람에게 전달합니다. 하지만 이 방법으로는 QR코드가 나오지 않으므로 스마트폰에서 보내기를 한다면 주소를 전달하는 것이 어렵다는 단점이 있습니다.

이때 주소를 새로 생성하면서 받는 방법이 있습니다.

[받기(R)]를 클릭하고 [지불 요청(R)]을 클릭합니다.

새로운 주소가 발급되었습니다. 이 QR코드를 이용하거나 주소 복사(A) 를 이용해 다른 곳에서 이 주소로 코인을 전송합니다.

코인 보내기

비트코인 코어 코인을 전송할 때 가장 주의할 점은, 주소를 입력할 때 반드시 주소 앞 세 자리와 끝 세 자리는 확인해야 한다는 것입니다. 예를 들어 다음 이미지의 주소는 앞 세자리가 '172', 뒤 세자리가 'QNh'이므로 '172QNh'라고 외우고 붙여넣기한 다음 반드시 확인을 합니다. 악성 코드나 바이러스에서 이 주소를 복사&붙여넣기할 때 주소를 바꿔치기하는 경우가 있습니다. 그러므로 반드시 눈으로 꼭 확인을 합니다.

코인 전송을 해보겠습니다.

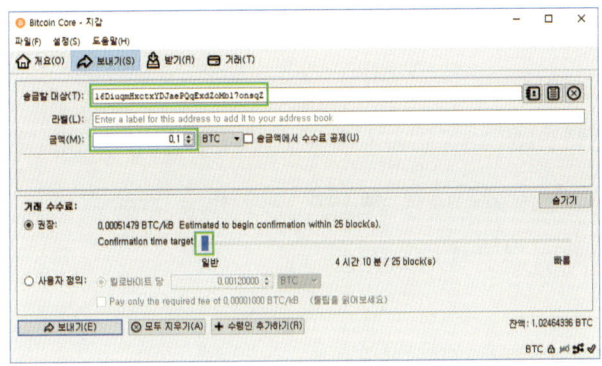

[보내기(S)]를 클릭합니다. [송금할 대상(T)]에 수신 받을 주소를 입력하고 [금액(M)]에 보낼 코인을 입력합니다. '거래 수수료'의 파란색 바를 맨 왼쪽으로 옮깁니다. 이렇게 두고 전송을 해도 적당한 시간에 전송이 됩니다. 그다음 [보내기(E)]를 클릭합니다.

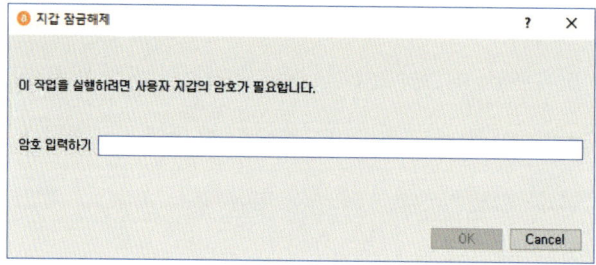

'지갑 잠금해제' 창이 열리면 [암호 입력하기]에 암호를 입력하고 OK 를 누르면 됩니다.

처음에 비트코인 코어를 설치하면 수수료가 기본적으로 높게 세팅되어 있는데 기본으로 보내면 수수료 낭비가 좀 심합니다. 혹시 파란색 바가 보이지 않는다면 거래 수수료: 0.00020000 BTC/kB 선택 하기... 의 [선택하기]를 클릭하면 파란색 바가 나옵니다.

실전 활용법 6
비트코인 코어 개인키 추출/복원하기

비트코인 코어를 사용해서 개인키를 추출할 수 있습니다. 개인키를 추출하기 전에 자기 지갑에서 잔고가 있는 주소가 그 주소인지 반드시 확인해야 합니다. 잔고가 있는 주소인지 확인을 하는 것은 동기화가 모두 끝난 다음 가능합니다.

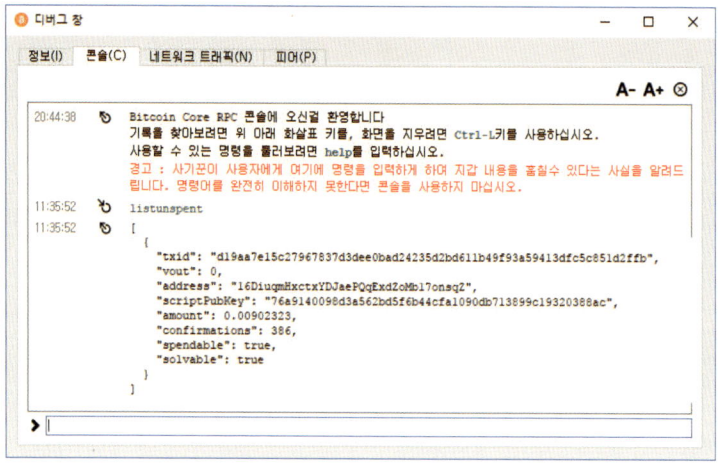

[도움말]→[디버그 창]→[콘솔(C)]을 열고 'listunspent'를 입력합니다. 위 이미지처럼 잔고가 자기의 주소에 제대로 있다면 진행해도 무방합니다. 하지만 잔고가 자기가 원하는 주소에 있지 않다면 원하는 주소로 먼저 코인을 전송을 하고, 컨펌이 되면 계속 진행합니다.

'walletpassphrase 암호 100'을 입력합니다. 100초간 이 지갑의 암호를 해제한다는 의미입니다. 사용자가 원하는 대로 시간은 적절히 조정할 수 있습니다. 입력이 제대로 되었다면 'null'이 표시됩니다.

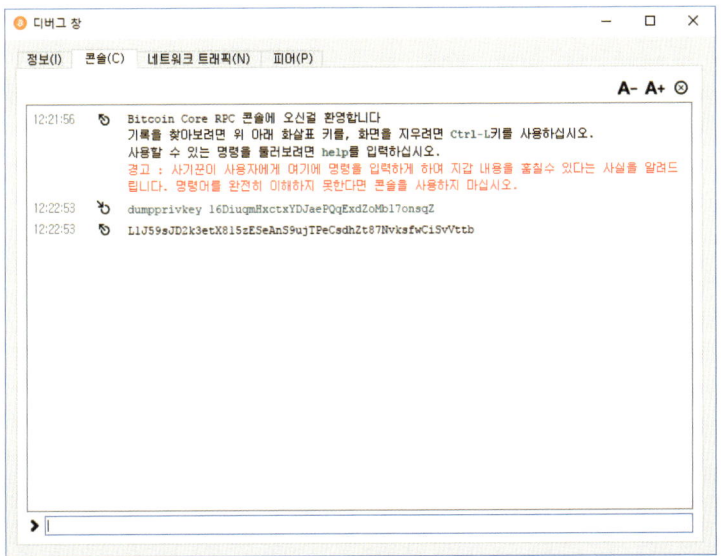

[디버그 창]→[콘솔(C)]에 'dumpprivkey 16DiuqmHxctxYDJae PQqExdZoMb17onsqZ'를 입력하면 'L1J59sJD2k3etX815zESeAnS 9ujTPeCsdhZt87NvksfwCiSvVttb' 화면이 나옵니다.

바로 이 'L1J59sJD2k3etX815zESeAnS9ujTPeCsdhZt87Nvksfw CiSvVttb' 문자열이 '16DiuqmHxctxYDJaePQqExdZoMb17onsq Z' 주소의 개인키입니다. 이 개인키를 이용해서 주소의 잔고를 전송할 수 있는 것입니다. 그러므로 이 개인키를 보관하는 데 반드시 주의를 기울여야 합니다. 프린트를 하되 파일 저장은 절대로 하지 않으며 이메일에 올려두어도 안 됩니다.

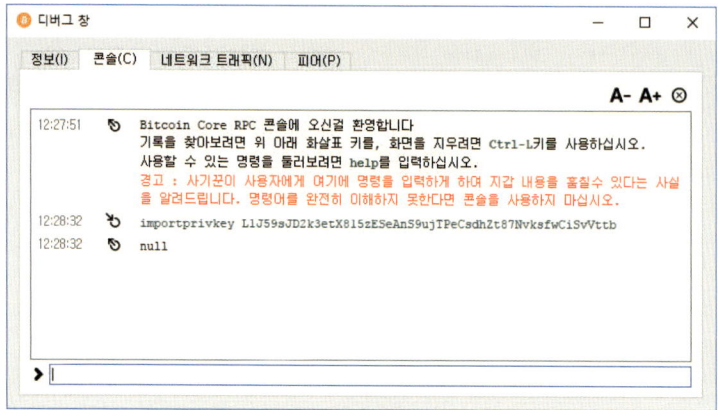

위 이미지처럼 [디버그 창]→[콘솔(C)]에 'importprivkey L1J59sJD2k3etX815zESeAnS9ujTPeCsdhZt87NvksfwCiSvVttb'라고 입력하면 다른 비트코인 코어에 이 주소를 입력할 수 있습니다. 'null'이라고 나오면 정상적으로 입력이 된 것입니다.

실전 활용법 7
비트코인 일렉트럼 지갑 만들기

일렉트럼은 비트코인 코어와 달리 클라이언트 모델의 지갑입니다. 비트코인 코어 지갑은 블록체인을 전부 다운 받고 동기화한 다음 지갑을 생성하고 관리하지만 일렉트럼은 블록체인이 일렉트럼 서버에 존재하고 사용자는 클라이언트에서 지갑만 만들어 사용합니다.

다운로드하기

맨 먼저 https://electrum.org/#download 사이트에서 자신의 OS에 맞는 버전을 다운로드합니다.

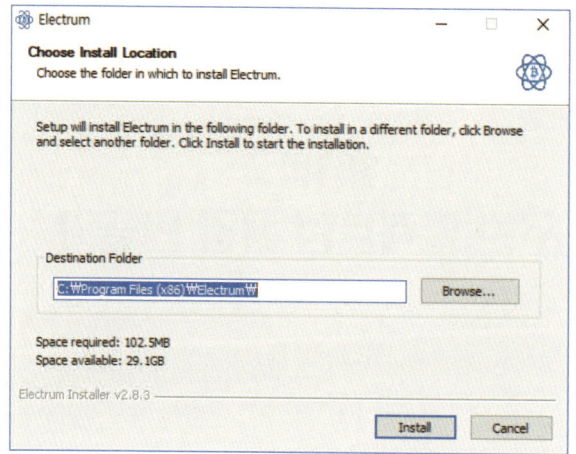

샘플 예제는 'Windows Installer'입니다.

다운로드한 electrum-2.8.3-setup.exe를 실행합니다. 이 화면이 나오면  을 클릭하여 설치를 완료합니다.

윈도우키를 누르고 [Electrum]을 입력하거나 클릭합니다.

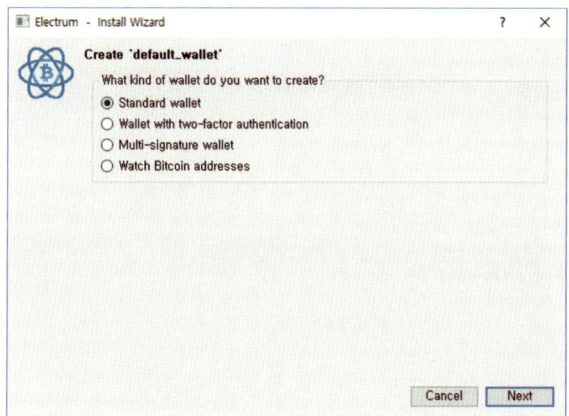

[Create 'default_wallet']에서 [Standard wallet]을 선택합니다.

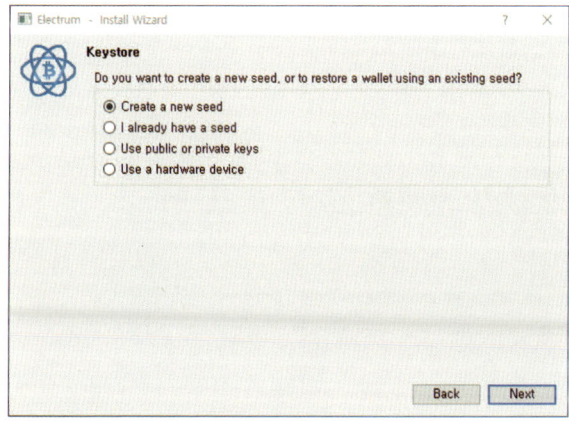

[Keystore]에서 [Create a new seed]를 선택합니다.

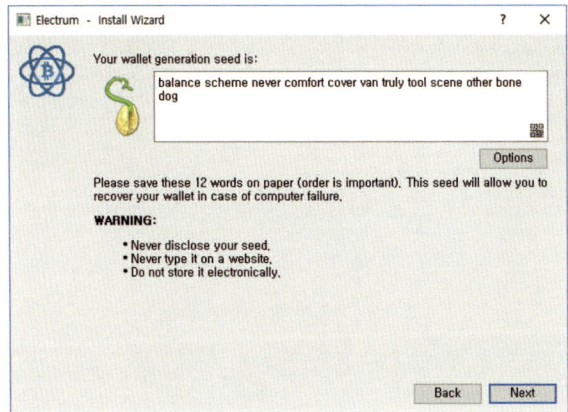

'balance scheme never comfort cover van truly tool scene other bone dog'을 적어두거나 프린트해둡니다. 절대로 파일로 복사하거나 이메일로 올리지 않습니다.

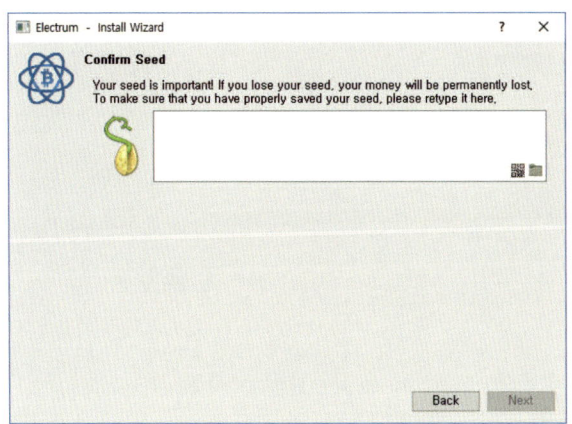

이 화면과 비슷한 화면이 다시 나옵니다. 빈칸에 복사해둔 'balance scheme never comfort cover van truly tool scene other bone dog'을 입력하고 [Next] 를 클릭합니다.

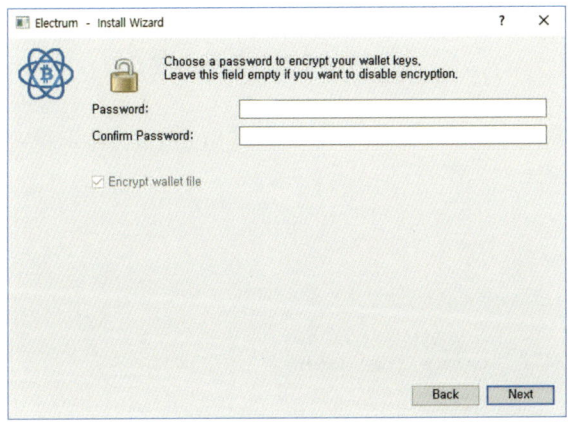

안전한 비밀 번호를 [Password]에 입력하고 다시 한 번 [Confirm Password]에 입력한 다음 [Next] 를 클릭합니다.

설정하기

처음 일렉트럼을 설치하면 단위가 mBTC로 나와서 사용하기가 조금 불편합니다. 이 부분을 변경해보겠습니다.

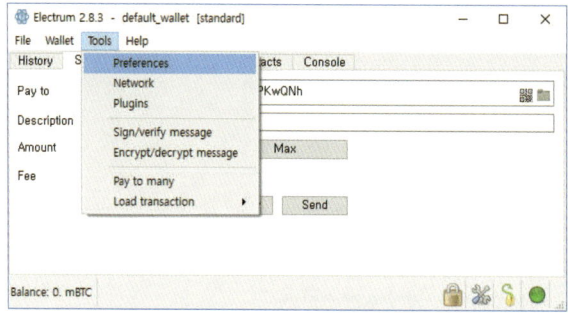

먼저 단위 변경 설정을 하려면 [Tools]→[Preferences]를 클릭합니다.

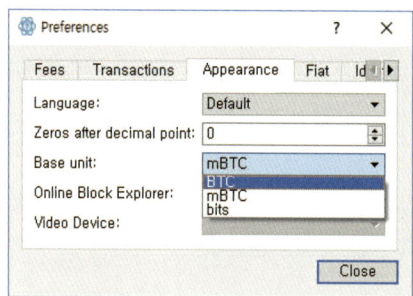

'Preferences' 창이 열리면 [Appearance]를 클릭하고 [Base Unit:]의 mBTC라고 되어 있는 부분을 BTC로 변경한 다음 Close 를 클릭합니다.

코인 받기

코인을 받으려면 지갑 주소를 다른 곳에 알려주어야 합니다.

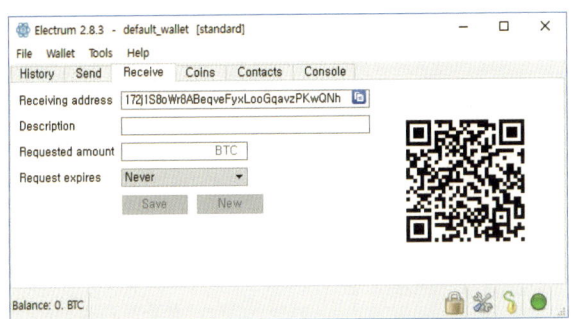

[Receive]를 클릭하면 [Receiving address]에 '172j1S8oWr8ABeqveFyxLooGqavzPKwQNh'가 주소입니다. 주소 오른쪽의 📋 을 클릭하면 주소가 메모리(이하 클립보드)에 저장됩니다. 다른 곳에서 Ctrl+V키 또는 마우스 우클릭을 한 다음 [붙여넣기]를 클릭하면 이 주소가 복사됩니다.

> Receiving address: 내 지갑의 코인 주소
> Description: 자신이 보기 위한 메모로 상대방에게 전달되지 않음
> Requeusted amount: 받고 싶은 코인의 양인데 QR코드를 생성할 때만 필요

코인 보내기

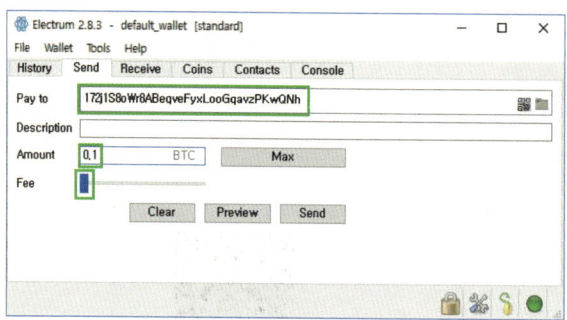

코인을 보내려면 먼저 Send 를 클릭합니다.

[Pay to]에 받을 주소를 입력하고 [Amount]에는 전송량을 입력합니다. [Fee]의 파란색 바는 맨 왼쪽으로 이동시킵니다.

Pay to: 상대방의 비트코인 주소
Description: 자신이 보기 위한 메모로 상대방에게 전달되지 않음
Amount: 이체할 코인의 양
Fee: 이체 수수료

백업하기

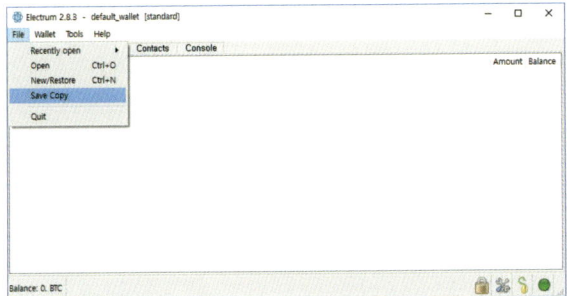

백업 작업을 하려면 맨 먼저 [File]→[Save Copy]를 클릭합니다.

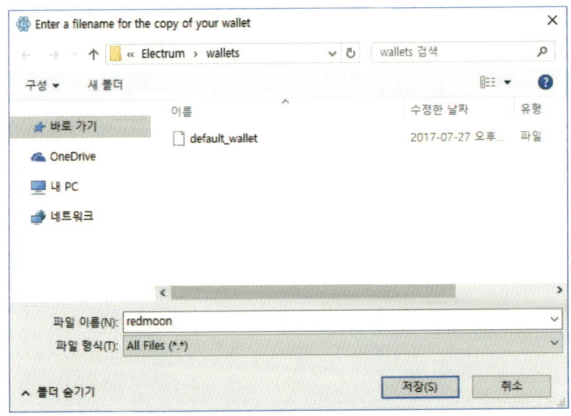

이 화면이 나타나면 적당한 이름을 [파일 이름(N)]에 입력하고 저장(S) 를 누릅니다. 여기서는 'redmoon'으로 정했습니다.

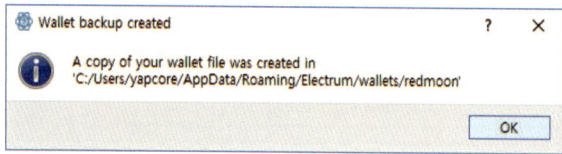

이 화면처럼 파일이 저장된 경로가 나옵니다.

이 파일이 어디에 있는지 가보겠습니다.

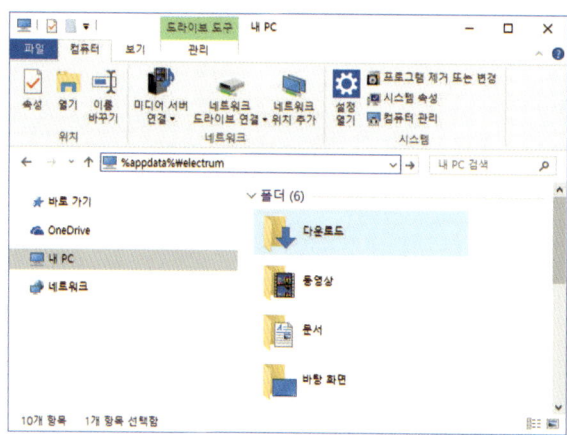

'파일 탐색기'를 실행하고 검색 창에 '%appdata%\electrum'을 입력합니다.

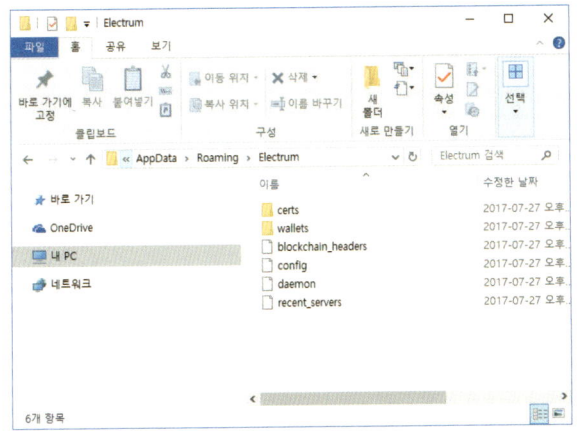

위 폴더가 사용자에게서 숨겨져 있는 'Electrum' 폴더입니다. 'wallets' 폴더를 더블 클릭하면 지갑 파일이 나옵니다.

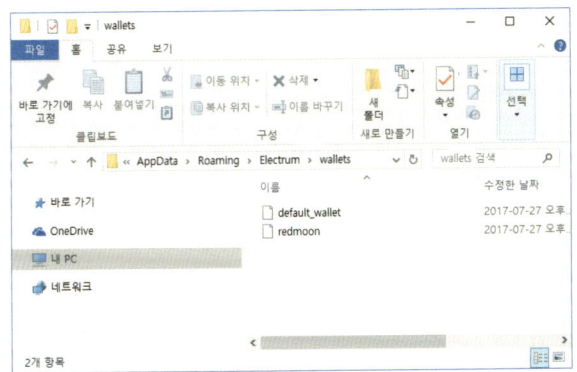

조금 전에 저장했던 'redmoon'이 나왔습니다. 이 파일을 원하는 곳에 저장하면 됩니다.

복구하기

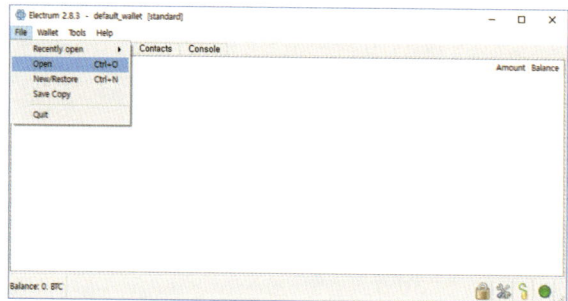

파일을 복구하려면 먼저 [File]→[Open]을 클릭합니다.

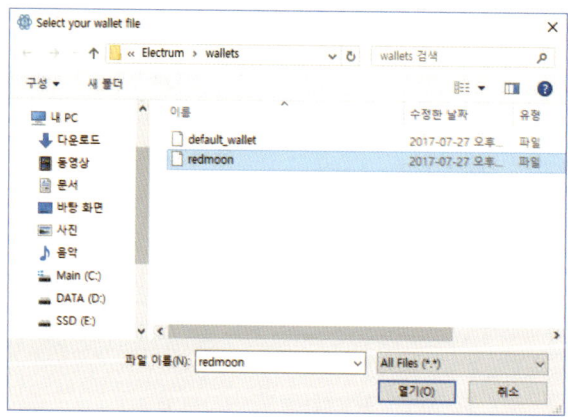

백업해둔 파일을 찾아서 열기(O) 를 클릭합니다. 여기서는 'red moon' 파일을 찾을 것입니다.

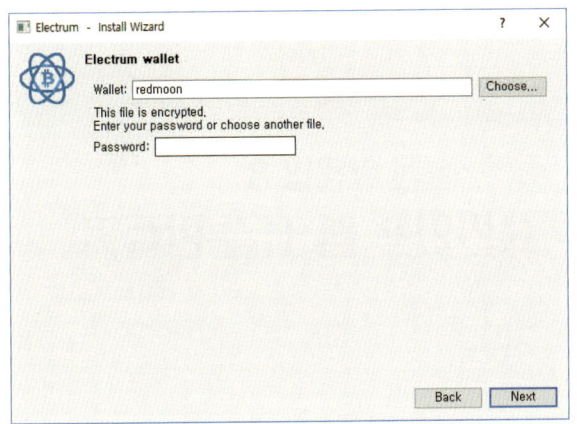

[Password] 창에 암호를 입력하고 Next 를 클릭합니다. 이 작업을 거치면 새로운 창이 열리면서 백업해둔 지갑이 복구됩니다.

실전 활용법 8
블록체인인포 웹 지갑 만들기

웹 지갑으로는 블록체인인포 blockchain.info 가 가장 오래되었고 유명합니다. 쉽게 지갑 생성을 할 수 있다는 장점이 있으나 보안 요소들 때문에 관리가 조금 어려운 것이 단점입니다.

계정 생성하기

블록체인인포 계정을 생성하기 위한 첫 단계로 https://blockchain.info/에 접속합니다. 또는 구글에서 '블록체인인포'를 검색해도 됩니다.

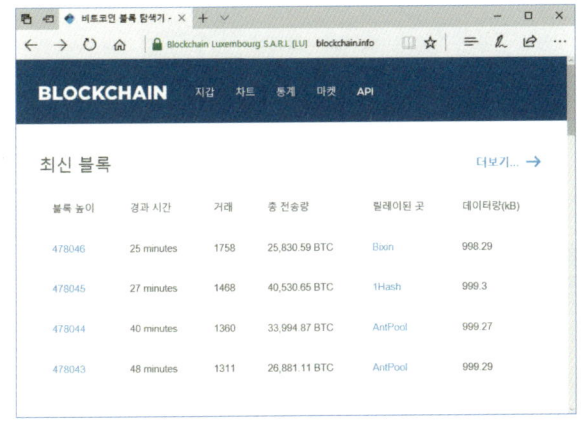

첫 화면에서 상단의 '지갑'을 클릭합니다. 다음 화면에 나오는 'GET STARTED NOW'를 클릭하면 됩니다.

옆의 화면처럼 자신의 이메일과 안전한 암호를 입력하고 [계속]을 클릭하면 회원 가입이 됩니다.

> **귀하의 이메일 확인**
>
> Blockchain 지갑을 만들어 주셔서 감사합니다.
> 아래에서 이메일을 확인하여 설정을 완료하십시오.
>
> 예, 이것은 내 이메일입니다.
>
> 월렛 ID : c65744b5-54a5-4fc5-86f3-2e6214cb2b77
> 고유 한 월렛 ID를 사용하여 Blockchain 지갑에 로그인하십시오.

자신의 메일함에 가보면 위와 같은 메일이 와 있습니다.

'예. 이것은 내 이메일입니다.'를 클릭해서 메일을 인증합니다.

'월렛 ID: c65744b5-54a5-4fc5-86f3-2e6214cb2b77' 부분을 적어두거나 프린트합니다. 이 지갑에 코인을 어느 정도 넣어둘 것인지 생각해보고 금액이 크다면 메일을 삭제합니다. 혹시라도 메일 계정이 해킹되는 경우 블록체인인포 계정도 함께 탈취될 수 있습니다.

보안 설정하기

이제 보안 설정을 하겠습니다.

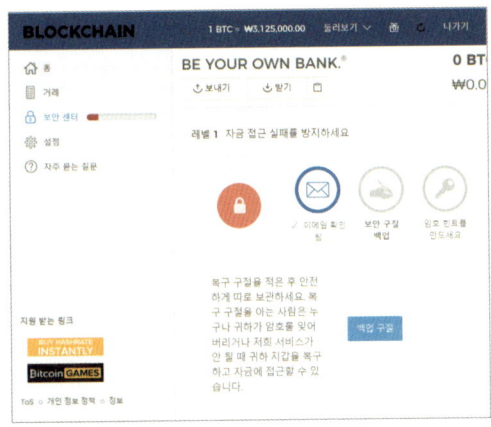

왼쪽 메뉴에서 [보안 센터]를 클릭하고 [보안 구절 백업] 선택한 다음 백업 구절 을 클릭합니다.

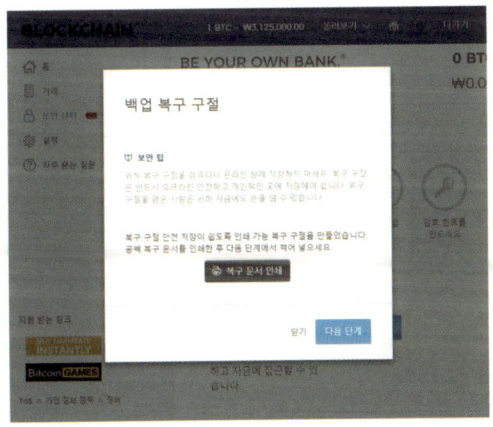

[복구 문서 인쇄]는 무시하고 다음 단계 를 클릭합니다.

CHAPTER 03 비트코인 지갑은 어떻게 만드나요? 실전 전자 지갑 만들기

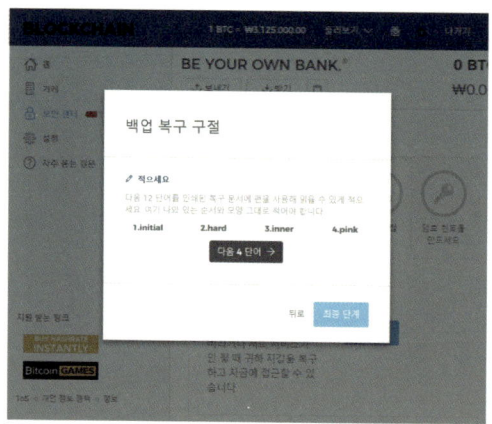

화면에 뜬 [백업 복구 구절]의 첫 단어 4개를 종이에 적습니다. [다음 4 단어 →]를 클릭합니다.

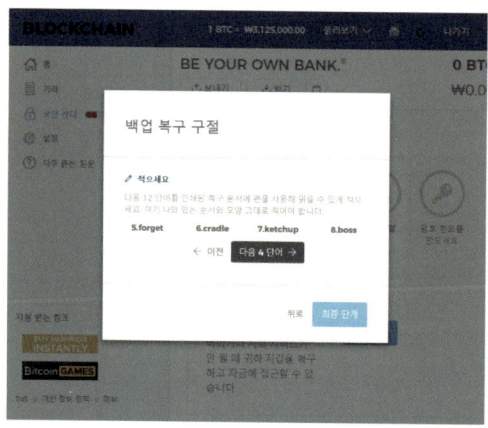

마찬가지로 단어 4개를 순서대로 적고 [다음 4 단어 →]를 클릭합니다.

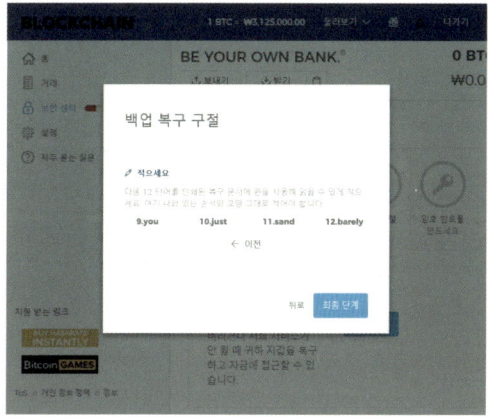

마지막 단어 4개를 차례대로 적고 최종단계 를 선택합니다.

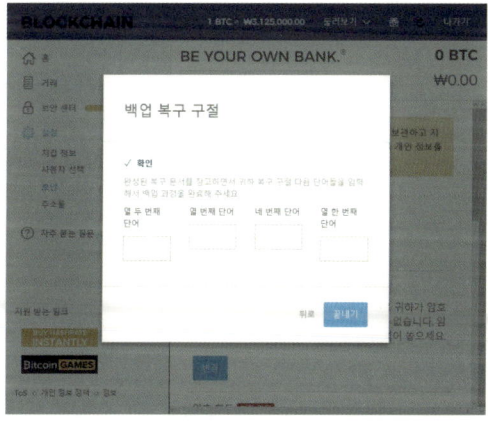

미리 적은 단어들을 질문 순서에 따라 하나씩 옮겨 적고 끝내기 를 클릭합니다.

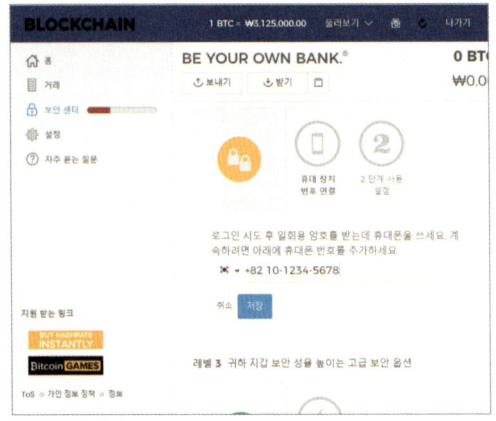

이번에는 [휴대 장치 번호 연결]을 선택하고 전화번호를 입력한 다음 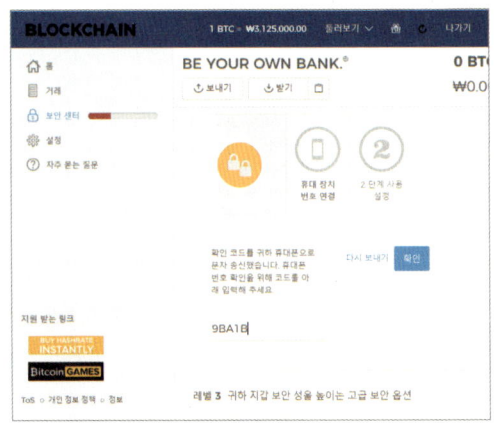 을 클릭합니다.

문자로 인증 번호가 오면 인증 번호를 입력하고 을 클릭하면 스마트폰 인증이 완료됩니다.

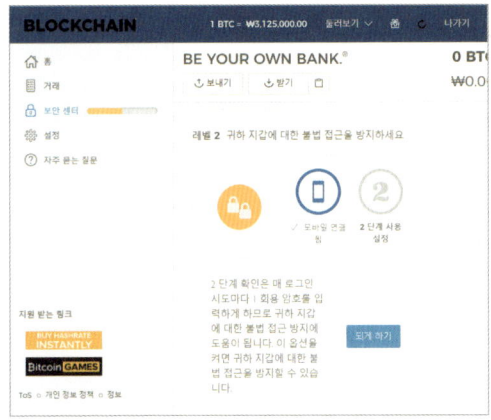

한 단계 높은 보안을 설정하기 위해 [2단계 사용 설정]을 선택하고 되게 하기 를 클릭합니다.

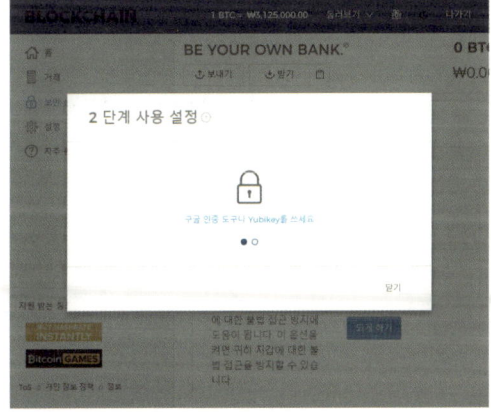

[2단계 사용 설정]의 팝업 창이 뜨면 가운데 열쇠 마크를 클릭합니다.

이제 QR코드가 나타납니다. 스마트폰에 OTP를 설치해야 합니다. 플레이스토어나 앱스토어에서 'google otp'라고 검색합니다.

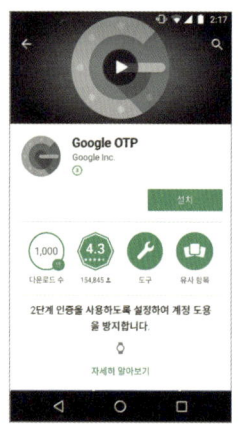 

왼쪽 화면처럼 Google OTP를 [설치]하고 완료하면 오른쪽 화면처럼 [열기]를 합니다.

[건너뛰기]를 터치합니다.

[시작]을 터치합니다.

[바코드 스캔]을 터치합니다.

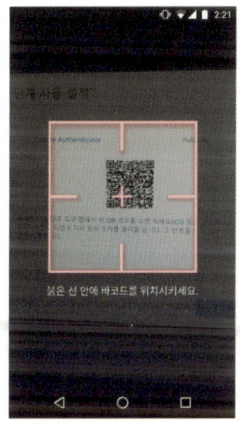

QR코드를 인식합니다.

OTP 설치가 잘되면 왼쪽 화면처럼 숫자 6자리가 나타납니다.

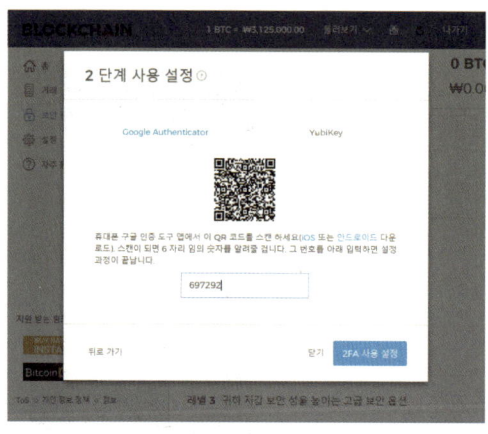

OTP에 나타난 임의의 숫자 6자리를 입력하고 2FA 사용 설정 을 클릭합니다.

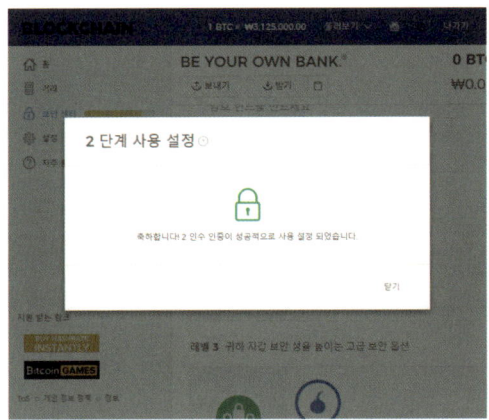

위 화면 같은 메시지 창이 뜨면 2FA 설정이 완료된 것입니다.

이제 블록체인인포에 로그인할 때 비밀 번호와 함께 이 6자리 숫자를 입력해야 합니다. 블록체인인포의 OTP 키값이 해킹당하지 않는다면 당신의 계정은 안전합니다.

코인 받기/보내기

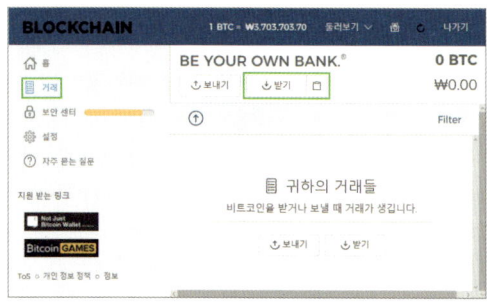

코인을 받기 위해 왼쪽 메뉴의 [거래]를 선택하고 우측의 [받기]를 클릭합니다.

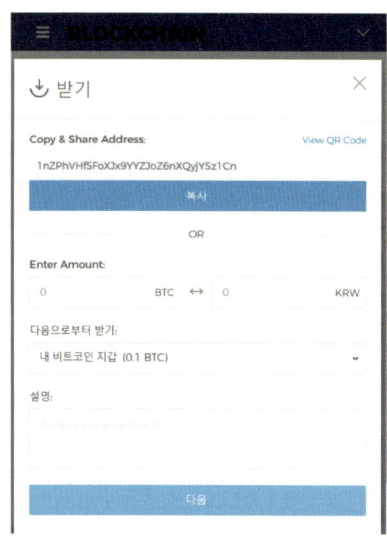

왼쪽 화면의 [Copy & Share Address] 창에 뜬 '1nZPhVHfSFoXJx9YYZJoZ6nXQyjYSz1Cn'이 본인의 비트코인 주소입니다. [복사]를 클릭하면 클립보드로 복사됩니다. 다른 곳에서 이 주소로 코인을 전송하면 됩니다.

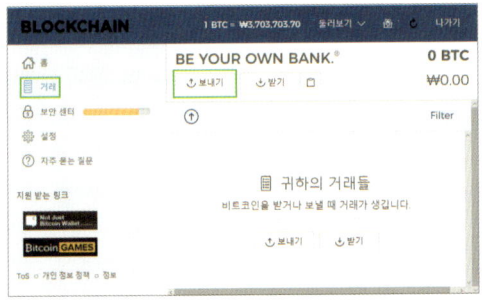

이번에는 코인을 보내보겠습니다. 왼쪽 메뉴의 [거래]를 선택하고 우측의 [보내기]를 클릭합니다.

[다음에게] 부분에 받을 주소를 입력하고 [금액] 부분에 보낼 코인 금액을 입력한 다음 [계속]을 클릭합니다.

받는 주소, 코인 금액 등을 다시 한 번 확인한 다음 [보내기]를 클릭합니다.

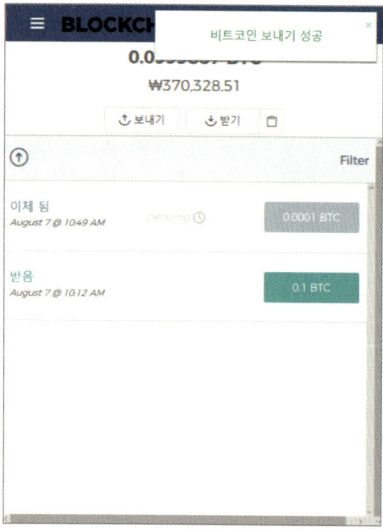

옆 화면처럼 코인이 보내지고 있는 것을 'pending'이라고 표시하여 알려줍니다. 블록에 포함되면 'pending'이 사라지면서 전송이 완료됩니다. 즉 [비트코인 보내기 성공]을 한 것입니다.

지갑 주소 확인하기

블록체인인포는 1회용 주소를 사용합니다. 그래서 수신 받을 때마다 주소가 계속 새로 생성됩니다. 그렇다면 이전에 생성한 주소들로 코인을 보내면 이 코인을 못 받게 되는 것인가요? 그렇지 않습니다. 이 코인들도 모두 본인 소유가 되어 잔고에 잡힙니다. 그런데 과거 자신의 코인 주소가 무엇이었는지 확인해야 할 때도 있습니다. 과거 코인 주소를 확인해보겠습니다.

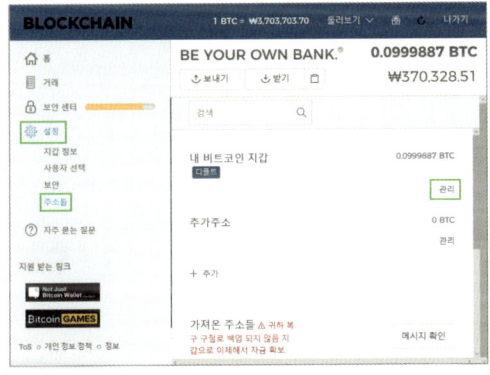

왼쪽 메뉴의 [설정]→[주소들]을 차례대로 선택하고 우측의 '디폴트'라고 된 지갑의 [관리]를 클릭합니다.

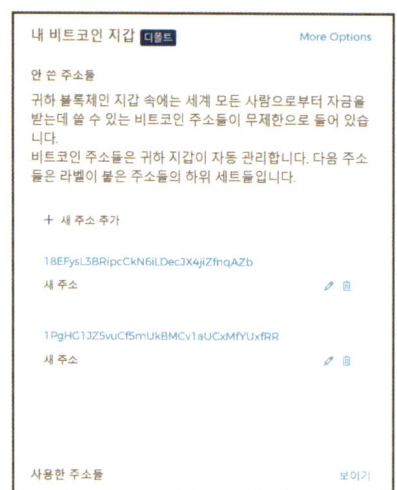

아직 사용하지 않은 주소들이 화면에 표시됩니다. 새로운 주소가 필요하면 [새 주소 추가]를 선택합니다. 하지만 지금은 과거 주소를 확인하는 것이므로 아래의 '사용한 주소들' [보이기]를 클릭합니다.

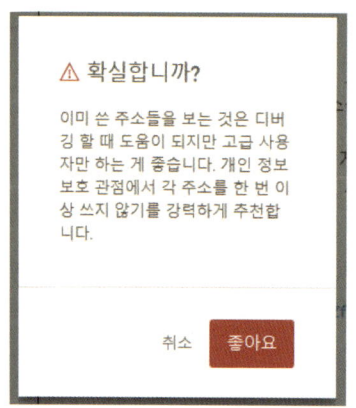

왼쪽 화면이 나오면 좋아요 를 클릭합니다.

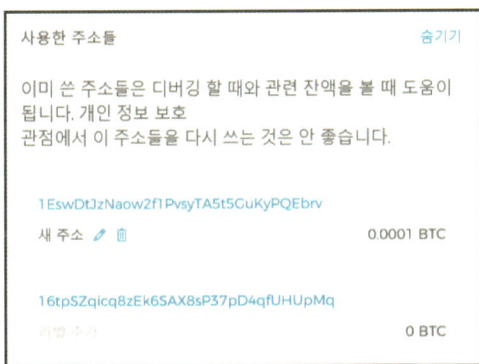

과거에 사용한 코인 주소들의 내역이 위 화면처럼 출력됩니다.

실전 활용법 9
하드웨어 지갑
Ledger Nano S 설치하기

하드웨어 지갑으로는 Ledger Nano S(이하 Ledger)가 많이 사용되고 있습니다.

Ledger를 사용하려면 크롬 웹 브라우저를 사용해야 합니다. 크롬을 설치하지 않았다면 구글이나 네이버에서 '크롬 다운로드'를 검색하고 크롬부터 설치합니다.

크롬에서 www.ledgerwallet.com/apps 링크에 접속합니다.

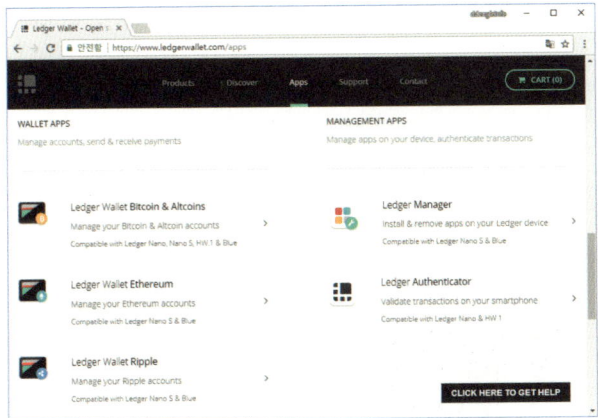

오른쪽 메뉴에서 [Ledger Manager]를 선택합니다.

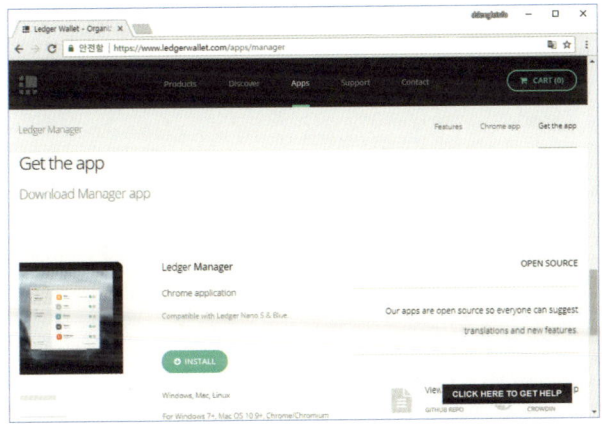

화면을 아래쪽으로 이동시키고 [Ledger Manager]→[INSTALL]을 클릭합니다.

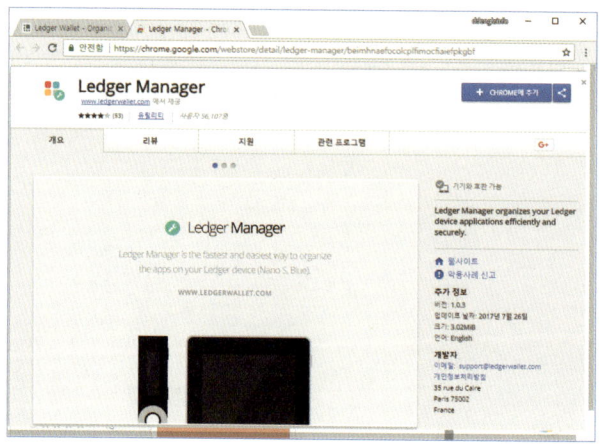

그다음 오른쪽 상단의 ⊞ CHROME에 추가 를 선택합니다.

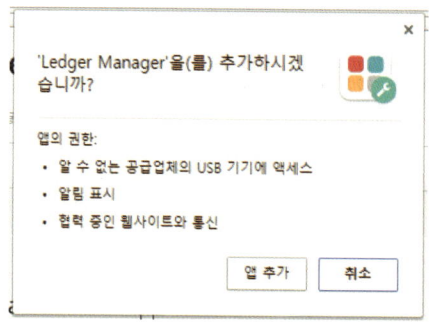

이제 'Ledger Manager'를 추가할 차례입니다. 앱 추가 를 클릭합니다.

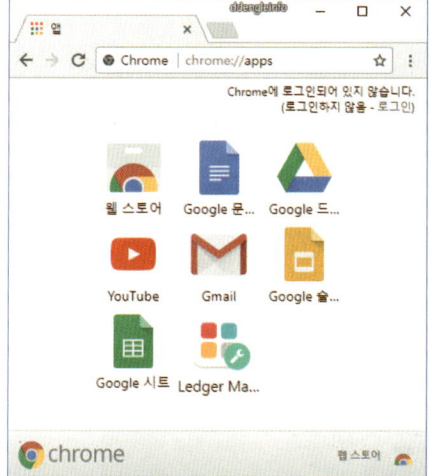

방금 설치한 Ledger Manager 아이콘이 보입니다. 맨 아래쪽에 있는 이 아이콘을 클릭합니다.

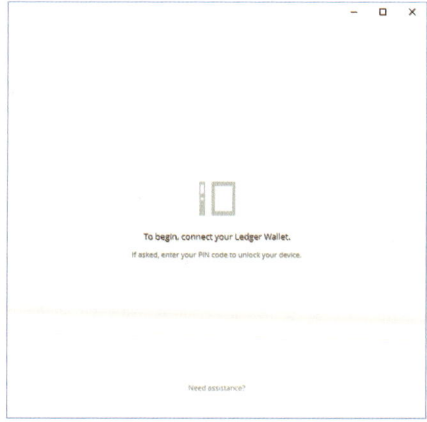

아직 연결이 되지 않았다는 메시지입니다.
이제 Ledger를 USB로 연결하고 설정해보겠습니다.

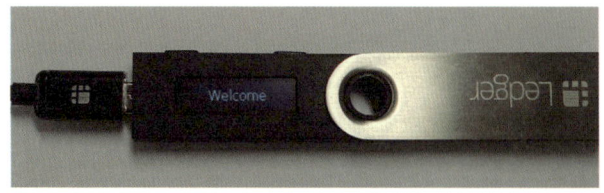

USB에 연결하면 맨 먼저 'welcome' 환영문이 나옵니다.

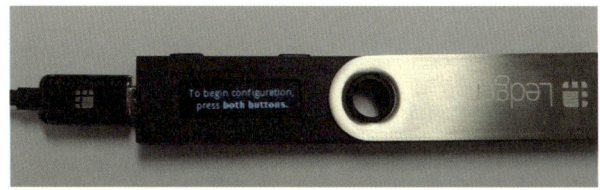

설정을 하려면 위쪽의 버튼 2개를 동시에 누릅니다.(이하 양쪽 클릭)

'새 기기를 설정하시겠습니까?'라고 묻고 있습니다. 설정을 할 것이면 우측 버튼(이하 우클릭), 설정을 하지 않을 생각이라면 왼쪽 버튼(이하 좌클릭)을 누릅니다. 기기 안에 지갑이 있는데 우클릭 하면 기존의 지갑이 삭제됩니다.

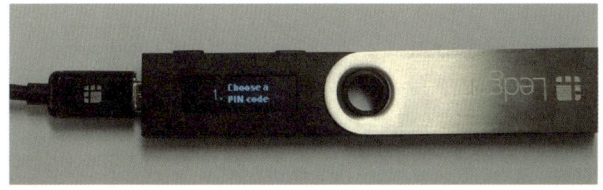

PIN 번호를 입력합니다. 4~8자리까지 입력할 수 있습니다.

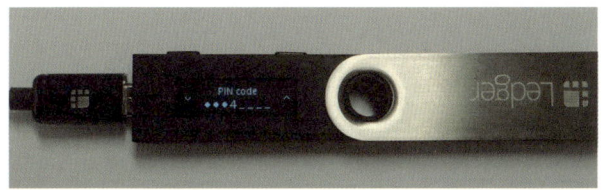

예시로 '1234'로 핀 번호를 저장했습니다. 좌/우클릭해서 원하는 숫자를 만들고 양쪽 클릭하면 다음 자리로 넘어갑니다.

4자리를 입력하면 ▲표시가 나오는데 이 상태에서 양쪽 클릭하면 PIN 번호가 저장됩니다. 번호를 더 길게 하려면 좌/우클릭을 이용해서 번호를 추가하면 됩니다.

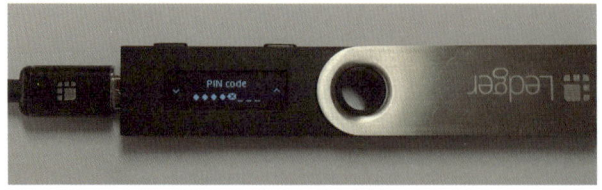

가 나오도록 변경하고 양쪽 클릭하면 숫자 하나가 삭제됩니다.

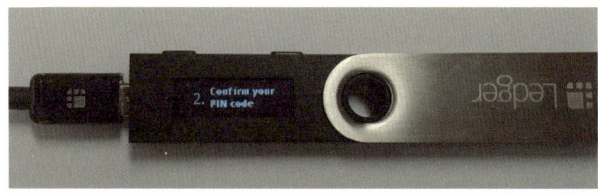

PIN 번호를 제대로 입력했는지 확인합니다.

12~24자리 알파벳만 있으면 지갑을 복구할 수 있는 'pneumonic' 이라는 주소 발급 알고리즘이 있습니다. Ledger에서는 24단어를 사용합니다. 이 단어를 종이에 반드시 기록해둡니다.

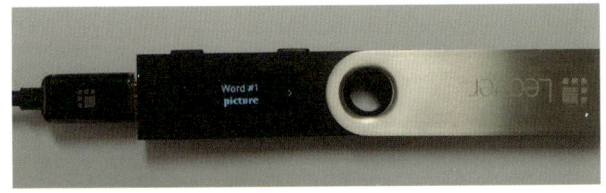

첫 단어 'picture'로 시작해서

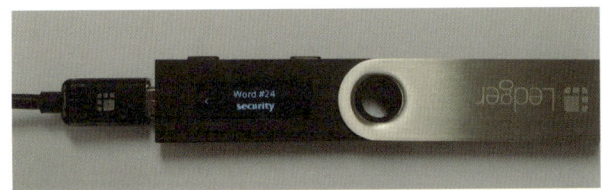

24번째 단어 'security'로 끝났습니다. 모두 종이에 옮겨 적고 양쪽 클릭합니다.

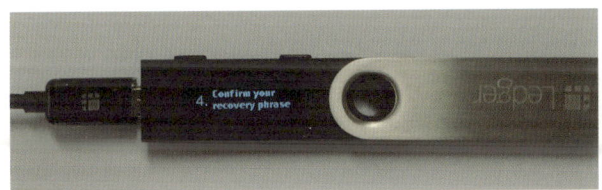

단어를 제대로 옮겨 적었는지 확인할 차례입니다. 확인했으면 양쪽 클릭합니다.

17번째 단어가 무엇인지 물어봅니다. 좌/우 클릭으로 단어를 찾아서 양쪽 클릭합니다.

마무리 설정 중입니다. 설정이 끝날 때까지 잠시 기다립니다.

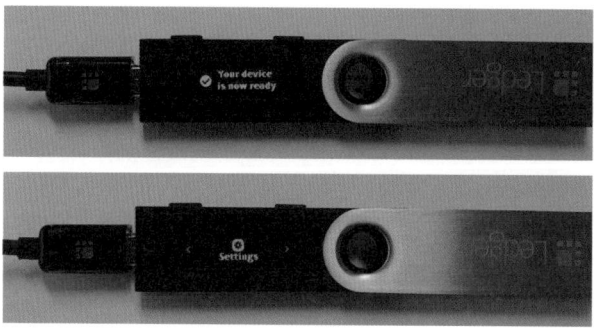

드디어 Ledger 설정이 완료되었습니다.

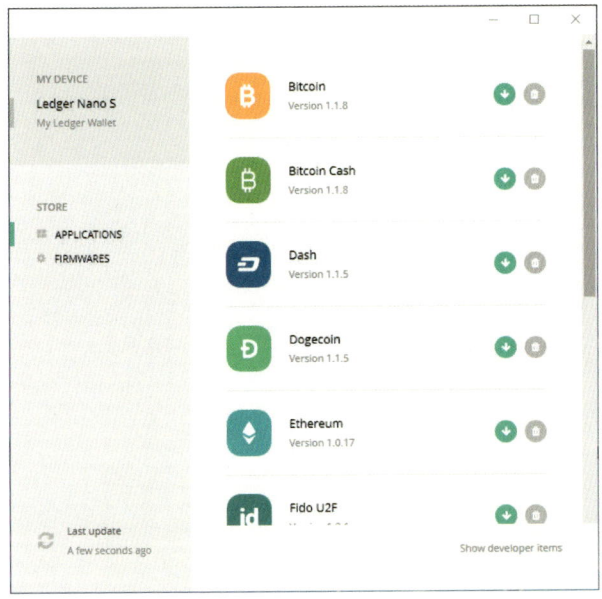

이 화면처럼 나타났다면 설정을 제대로 잘한 것입니다

원하는 코인을 골라서 ⬇ 를 클릭합니다. 이 예제에서는 비트코인을 설치할 것입니다.

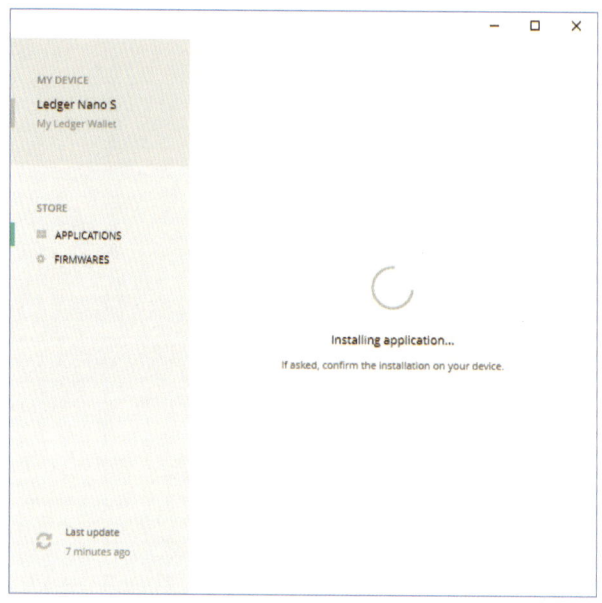

'설치 중'이라고 잠시 화면이 뜨고 곧이어 Ledger에 비트코인 지갑이 설치됩니다.

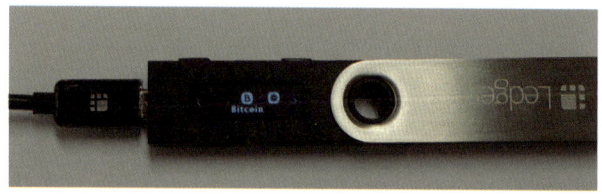

비트코인 아이콘이 나타나면 제대로 설치된 것입니다. 참고로 Ledger 하나에 5가지 코인을 설치할 수 있습니다.

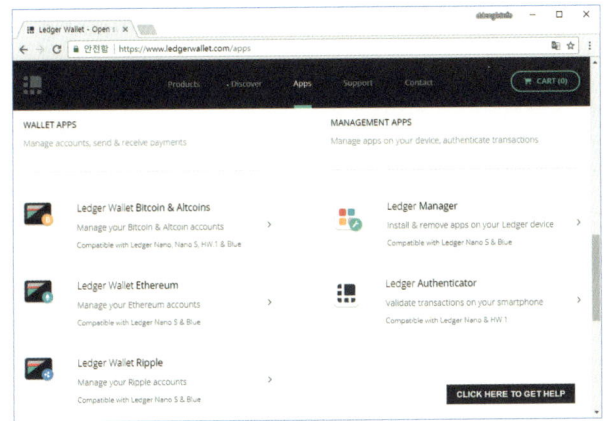

다시 크롬으로 돌아가서 www.ledgerwallet.com/apps 링크에 접속합니다.

이번에는 왼쪽 메뉴에서 [Ledger Wallet Bitcoin & Altcoins]를 클릭합니다.

그다음 [GET THE APPS]를 클릭합니다.

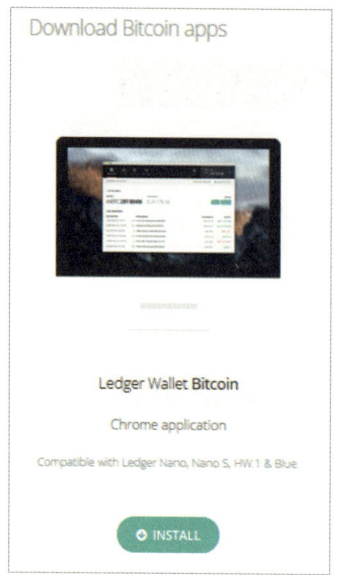 INSTALL 을 클릭하면 다음 화면으로 넘어갑니다.

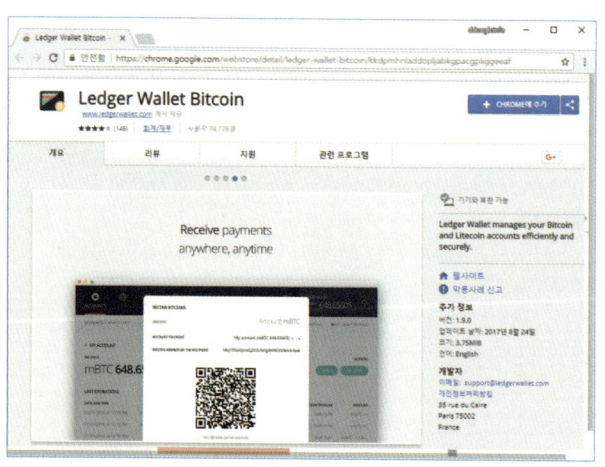

이번엔 오른쪽 상단의 CHROME에 추가 를 클릭합니다.

이제 'Ledger Wallet Bitcoin'을 추가할 차례입니다. 앱 추가 를 선택합니다.

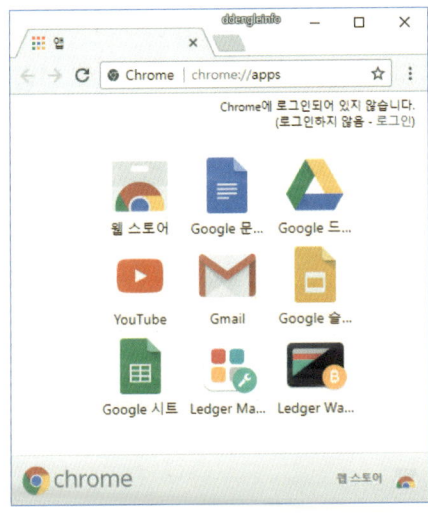

방금 설치한 'Ledger Wallet Bitcoin' 아이콘이 보입니다. 화면 맨 아래쪽에 있는 이 아이콘을 선택합니다.

혹시 이 페이지가 보이지 않는다면 당황하지 말고 주소창에서 chrome://apps/를 입력하면 됩니다.

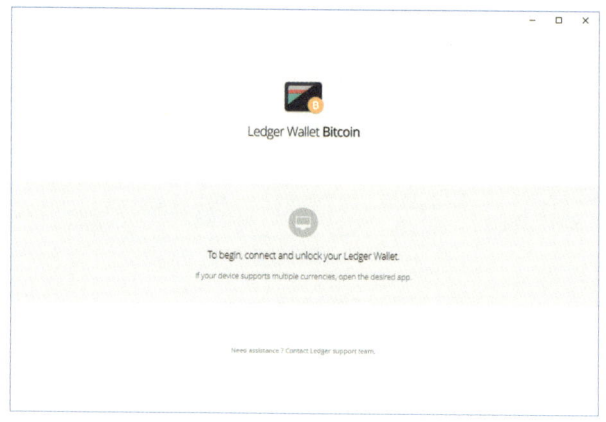

Ledger 지갑을 연결하라는 메시지가 뜹니다. Ledger에 메모해놓은 PIN 번호를 입력합니다.

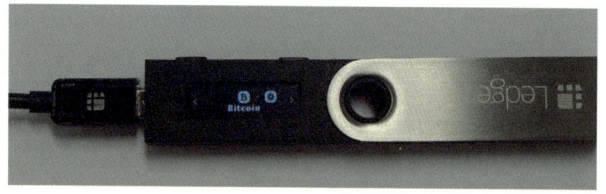

이 이미지처럼 비트코인이 중앙으로 오게 하고 양쪽 클릭합니다. 이제 Ledger를 설치하는 작업이 끝나가고 있습니다.

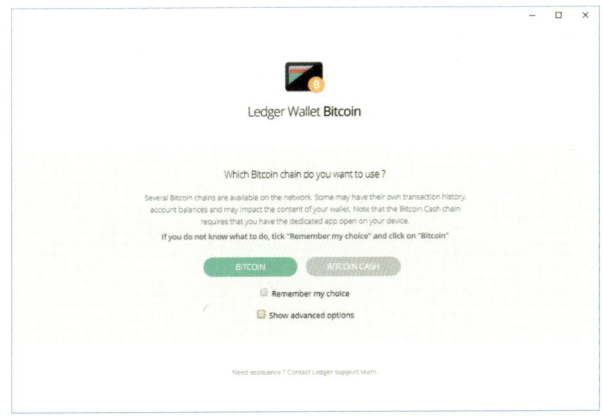

드디어 설정 화면이 나타납니다. '비트코인'을 사용할 것이므로 BITCOIN 을 클릭합니다.

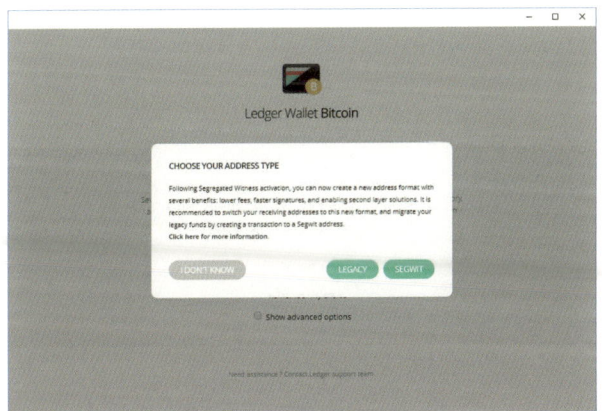

그다음 SEGWIT 을 클릭합니다.

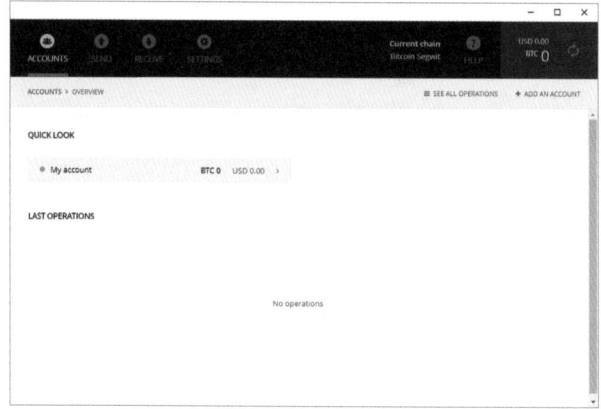

이 화면이 나왔다면 설치하는 데 성공한 것입니다.

실전 활용법 10
하드웨어 지갑
Ledger Nano S 받기/보내기

받기

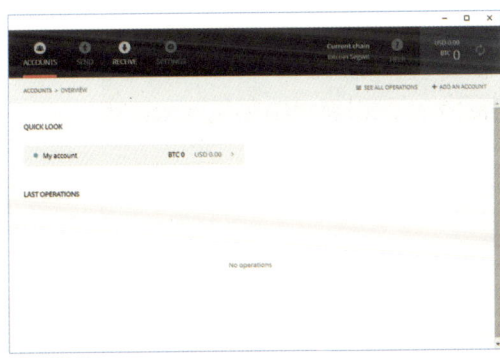

이 하드웨어 지갑의 코인 주소로 코인을 보내보겠습니다.

상단의 [RECEIVE]를 클릭합니다.

'RECEIVE BITCOINS'의 주소 '3Fu2KynFV39q24kbShbWnaVK75X2G4EsmF'는 이 지갑의 주소 중 하나입니다.

외부에서 이 주소로 코인을 전송해보겠습니다.

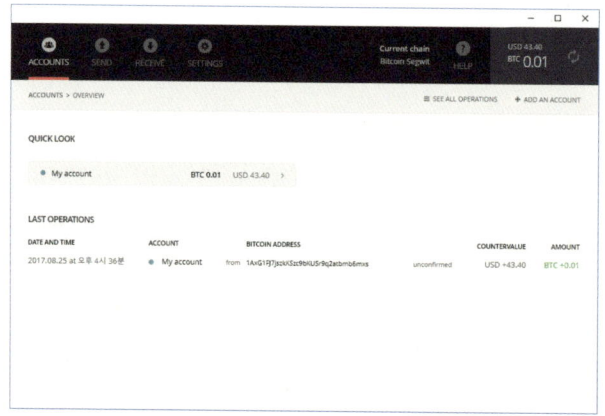

전송이 시작되었습니다. 아직 블록에 올라가지 않은 상태이므로 'unconfirmed'이라고 나옵니다.

상단 메뉴의 [RECIEVE]를 다시 눌러보겠습니다.

비트코인 주소가 '33a8PGZHYj2YtEMNRE9rzPwPVuTc8JuY5F'로 바뀐 것을 알 수 있습니다. 이처럼 비트코인 지갑은 계속 새로운 주소를 사용합니다. 그래서 수신이 한 번 되면 다른 주소로 변경됩니다.

만일 이전 주소로 코인을 보내면 어떻게 될까요? 그 코인도 수신이 되어서 잔고에 잡힙니다. 단지 화면에 보이지 않을 뿐입니다.

보내기

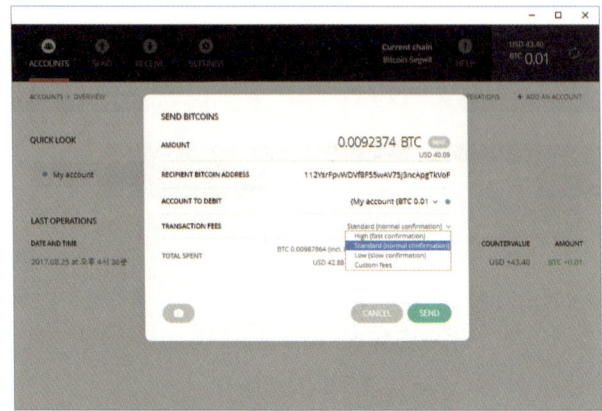

다른 주소로 코인을 보내겠습니다. 상단의 [SEND]를 선택합니다.

'AMOUNT'에 보낼 코인의 양, 'RECEIVE BITCOINS ADDRESS'에 상대방 코인 주소, 'TRANSACTION FEES'에 적절한 수수료를 선택하고 SEND 를 클릭합니다.

전송 수수료가 상당히 비싸게 나오는 편이므로 전송의 긴급한 정도를 살펴서 급하지 않으면 낮게, 급하면 높게 설정해서 보냅니다. 예제에서는 'Standard(normal confirmation)'으로 설정하였습니다.

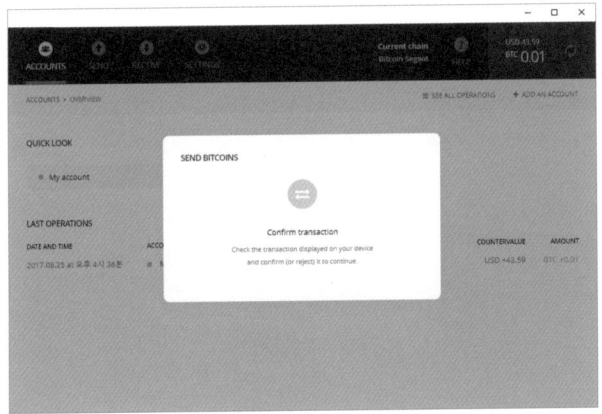

이제 Ledger 기기에서 전송 승인을 해주어야 합니다.

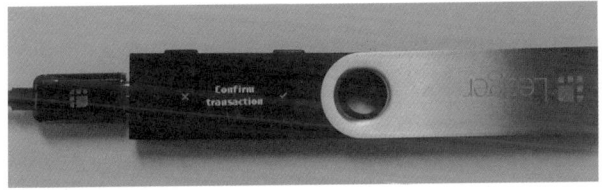

'Confirm transaction'이라는 메시지가 창에 뜨면 우클릭합니다.

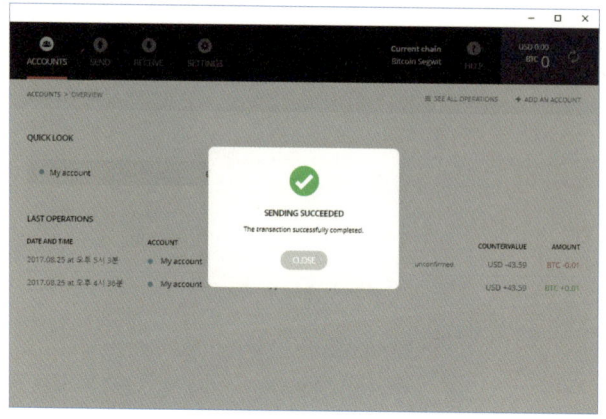

'SENDING SUCCEEDED' 메시지가 떴습니다. 전송이 완료되었습니다.

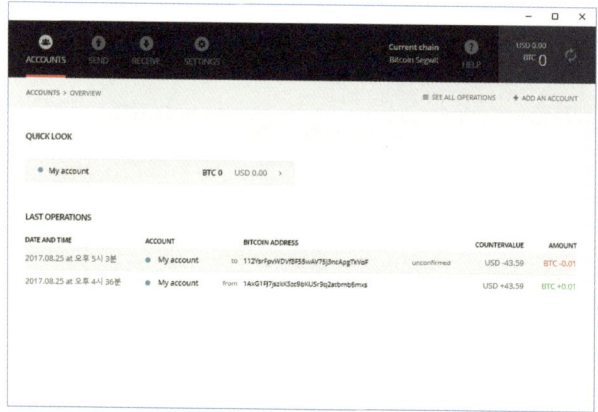

'LAST OPERATIONS' 아래 '보낸 전송' 부분에 마우스를 올리고 우클릭을 하면 다음 화면으로 넘어갑니다.

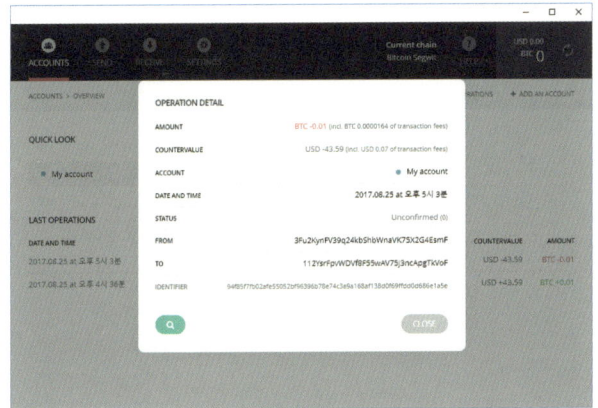

화면에 전송 내역에 대한 정보가 나타납니다. 'IDENTIFIER'의 '94f85f7fb02afe55052bf96396b78e74c3a9a168af138d0f69ffdd0d686e1a5e' 부분이 transaction id(txid)입니다. 왼쪽의 을 클릭하면 블록체인인포의 txid 검색 페이지가 열립니다.

아직 컨펌되지 않은 상태를 표시하고 있습니다.

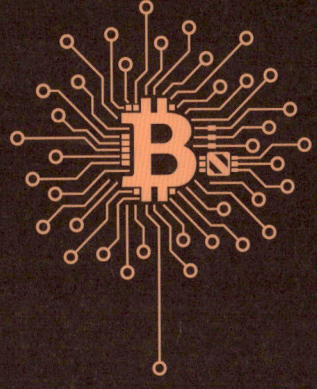

CHAPTER 04

비트코인을
어디에 적용하나요?

BITCOIN

비트코인을 외국에
보낼 수 있나요?

당연히 보낼 수 있습니다. 비트코인은 네트워크에 존재하는 것이므로 국내외를 가리지 않습니다. 세계 어디에서나 비트코인을 전송하고 받는 것이 가능합니다. 단, 해당 국가가 비트코인을 금지하지 않는다면 말입니다.

전 세계에서 비트코인을 이용하는 국가가 굉장히 많이 늘었습니다. 미국과 캐나다는 당연히 사용 가능합니다. 영국, 독일 등의 유럽에서도 사용할 수 있습니다. 중국도 은행에서의 거래가 금지된 것뿐이지 개인 간의 거래를 금지하지 않았습니다. 참고로 세계 최대의 비트코인 생산국은 바로 중국입니다.

은행의 전신환 'Wire Transfer'와 한 번 비교해보겠습니다. 제가 예전에 1000달러 정도 보낼 일이 있어서 외환 송금을 알아봤는데 당시에는 국민은행이 일률 5000원으로 가장 저렴했습니다. 그래서 국민은행을 통해 927달러를 보냈습니다. 최종 수신 은행에서 16달러 정도 수수료가 붙었습니다. 그런데 최종 수신된 금액은 868.47달러였습니다. 저도 몰랐는데 중간 단계에서 또 다른 은행이 수수료를 뗀다고 했습니다. 그래서 결국은 다음과 같은 수수료를 냈습니다.

> 전송액-수신액-수신 은행 수수료=중간 은행 수수료
> 927달러-868.47달러-16달러=42.53달러
> 수수료 합계=42.53달러+16달러=58.53달러

대략 6.31%의 수수료가 발생했습니다. 100만 원을 외국으로 보내는데 말입니다.

자, 그렇다면 같은 금액을 비트코인으로 보내면 수수료가 얼마나 들까요? 단 0.0005BTC, 한화로 2500원 정도면 됩니다. 전 세계 어디든 2500원 정도면 비트코인을 편하게 보낼 수 있습니다.

비트코인을 국외에 보내면 외화 반출일까?

허가 없이 외화를 반출하거나 연간 한도를 넘겨서 송금하면 외환관리법에 위배됩니다. 그렇다면 비트코인을 외국으로 보내면 외화 반출일까요? 한국인이 외국으로 관광을 가기도 하고 또 외국인이 한국으로 관광을 오기도 하면서 관광 수지가 발생합니다. 그렇다면 한국인이 달러를 쓰지 않고 비트코인을 가지고 외국에서 사용한다면 달러 낭비를 막은 것일까요? 외국인이 한국에 와서 달러를 쓰지 않고 비트코인을 쓴다면 이는 관광 수지에 도움이 되는 것일까요?

외국인이 한국의 인터넷 쇼핑몰에서 비트코인으로 결제를 하고 물건을 구매한다면 이는 달러를 벌어 와서 한국 경제에 도움을 준 것일까요? 아쉽게도 저는 답을 내릴 수 없습니다. 좀 더 많은 고민이 필요한 문제인 것 같습니다.

해외여행 갈 때 비트코인을 사용할 수 있을까요?

비트코인이 꾸준히 인기를 높여가고 있습니다. 특히 근래 들어 한·중·일에서 인기를 많이 끌고 있습니다. 아직 전 세계적으로 비트코인이 널리 퍼진 것은 아니지만 비트코인이 사용 가능한 지역을 확인하고 나서 이 지역을 여행한다면 비트코인을 사용할 수 있습니다. 한때는 비트코인 ATM 기기가 세계 곳곳에 생기면서 현지 통화로의 환전이 그나마 쉬웠는데 지금은 많이 줄어들었습니다. 아직은 국외에서 현지 화폐로의 환전이 쉽지 않습니다. 하지만 최근 비트코인 가격이 계속 상승하고 관심을 받으면서 환전에 대한 수요가 꾸준히 증가해 다시 ATM이 증가하고 로컬 통화 Local Currency로의 교환이 증가할 것으로 생각합니다.

비트코인을 오래 안전하게
보관할 수 있나요?

　요즘에는 예전과 달리 카메라로 사진을 찍지 않고 스마트폰으로 사진을 많이 찍습니다. 그러다 보니 사진을 인화하는 일이 점점 드물어지고 어느 날 갑자기 보관해둔 사진이 삭제되거나 HDD가 고장 나면서 안에 들어 있던 사진도 같이 사라지는 일도 많을 겁니다. 이와 동시에 추억이 날아가는 아픔을 느끼게 되는 겁니다.

　제 노트북에도 아이들을 찍은 사진과 동영상이 많습니다. 이 추억들을 잃어버리지 않기 위해 갖은 노력을 다하고 있습니다. 제가 사용하는 방법은 구글 드라이브www.goole.co.kr/Intl/ko/drive와 네이버 드라이브Cloud.naver.com에 모두 동기화를 하는 것입니다. 이렇게 되면 제 사진은 스마트폰과 구글, 네이버 세 곳에 모두 저장됩니다. 만일 셋 중의 하나가 고장 나더라도 쉽게 복구할 수 있습니다. 하지만 이마저도 불안합니다. 그래서 정말 보관하고 싶은 사진은 포토프린터로 프린트를 해둡니다.

그렇다면 비트코인은 어떻게 보관해야 할까요? 비트코인 지갑은 사진과 달리 '재산'이므로 함부로 온라인에 올려두고 수시로 동기화를 할 수도 없는 노릇입니다. 하지만 PC에 그냥 오래 보관하자니 각종 바이러스나 트로이 프로그램이 걱정되어 불안합니다. 게다가 HDD는 사용 내구연한이 있으니 장기 보관하는 데 적절치 않습니다. 그렇다면 지갑을 CD나 DVD에 저장하는 것은 어떨까요? 아쉽게도 CD나 DVD도 보관 상태에 따라 표면이 뒤틀리면서 내용 변형이 일어납니다. 그렇다면 안전하게 오랫동안 보관할 방법은 없을까요?

당연히 있습니다. 바로 종이에 출력해두는 방법입니다. 우스갯소리로 돌에다가 새겨두는 것이 가장 안전하다고도 합니다. 돌에 음각으로 새겨두면 비바람만 맞히지 않는다면 몇 백, 몇 천 년이고 보관할 수 있다는 것입니다.

비트코인의 소유는 나의 지갑에 코인을 담아두는 방식이 아닙니다. 비트코인은 블록체인이라는 거래 장부를 이용하는 특징을 가지고 있습니다. 사용자는 본인만 알고 있는(정확히 말하면 본인이 다 외우고 있는 것은 아니고 본인의 비트코인 지갑에 들어 있는) 자신만의 비밀 번호에 해당하는 개인키를 이용하는 방식입니다. 블록체인을 처음부터 끝까지 전부 조사하고 본인의 개인키에 해당하는 코인이 얼마인지 계산해서 본인의 소유 코인을 확인하는 방식입니다. 그러므로 비트코인 지갑에서는 본인의 개인키가 가장 핵심 정보입니다. 이 개인키를 추출해서 종이에 출력을 해두고 PC의 비트코인 지갑을 완전히 삭제한다면 이 지갑은 이제 온라인상에서는 사라지고 오프라인에 안전하게 존재하게 됩니다. 온라인 코인을 가장 안전하게 보관할 방법이 오프라인이라니 참 아이러니한 일입니다. 이 개인키를 분실하게 되면 더는 이 비트코인을 되찾을 수 없으므로 보관에 만전을 기해야 합니다. 한 1000비트코인 정도 넣어두고 은행의 대여 금고에 넣어두는 것도 괜찮은 방법이기는 합니다.

'실전 활용법 6. 비트코인 코어 개인키 추출/복원하기' 부분을 참고하면 됩니다.

심화 개념: 비트코인 프로그램에서 개인키로 지갑 주소를 만드는 원리

(1) 개인 ECDSA 키를 만듭니다.

ex. 18E14A7B6A307F426A94F8114701E7C8E774E7F9A47E2C2035DB29A206321725

(2) 생성된 개인키에 해당하는 공개키를 만듭니다(총 길이 65바이트, 1바이트 0×04, X좌표에 해당하는 32바이트, Y좌표에 해당하는 32바이트).

ex. 0450863AD64A87AE8A2FE83C1AF1A8403CB53F53E486D8511DAD8A04887E5B23522CD470243453A299FA9E77237716103ABC11A1DF38855ED6F2EE187E9C582BA6

(3) 공개키를 가지고 SHA-256 해싱을 실행합니다.

ex. 600FFE422B4E00731A59557A5CCA46CC183944191006324A447BDB2D98D4B408

(4) SHA-256 해싱 결과를 가지고 RIPEMD-160은 해싱을 한 번 더 실행합니다.

ex. 010966776006953D5567439E5E39F86A0D273BEE

(5) RIPEMD-160 해시의 앞부분에 버전을 의미하는 값(Main Network 용 0×00)을 추가합니다.

ex. 00010966776006953D5567439E5E39F86A0D273BEE

(6) 확장된 RIPEMD-160의 결과에 SHA-256 해시를 수행합니다.

ex. 445C7A8007A93D8733188288BB320A8FE2DEBD2AE1B47F0F50BC10BAE845C094

(7) 이전 SHA-256 해시의 결과에 SHA-256 해시를 다시 수행합니다.

ex. D61967F63C7DD183914A4AE452C9F6AD5D462CE3D277798075

B107615C1A8A30

(8) 주소의 체크섬용으로 사용할 SHA-256 해시 결과값의 처음 4바이트를 취합니다.

ex. D61967F6

(9) 4번에서 생성된 확장 RIPEMD-160 해시의 뒷부분에 7번에서 체크섬용으로 추출한 4바이트를 추가합니다. 이것이 곧 25바이트 길이의 이진 비트코인 주소가 됩니다.

ex. 00010966776006953D5567439E5E39F86A0D273BEED61967F6

(10) Base58Check 인코딩을 사용하여 바이트 문자열에서 base58 문자열로 변환합니다. 이것이 일반적으로 사용되는 비트코인 주소입니다.

ex. 16UwLL9Risc3QfPqBUvKofHmBQ7wMtjvM

채굴하면
돈을 벌 수 있나요?

비트코인은 채굴을 통해 획득합니다. 앞에서 설명했듯이 10분마다 코인이 발행됩니다. 최초에는 10분마다 50BTC가 발행되었으나 2013년 11월 28일 발행량이 25BTC로 줄었습니다. 대략 4년마다 발행량이 절반으로 줄어들어 2017년 현재 발행량이 12.5BTC로 줄었습니다. 현재 비트코인 채굴을 위해 연결된 PC들의 속도는 6,838,231TH/s입니다. 이 정보는 https://blockchain.info/ko/charts/hash-rate에서 확인할 수 있습니다. 현재 채굴 시장은 비트코인, 대시코인 등 ASIC을 이용하는 시장과 이더리움 등의 VGA를 이용하는 시장으로 구성되어 있습니다.

각 채굴 시장의 장단점을 정리해보겠습니다.

ASIC

장점
- 채굴에 최적화되어 있으므로 관리가 편리

단점
- 제조사의 독점으로 가격이 높음
- 대부분 선입금 예약 주문으로 채굴 진입 시기에 손해 발생 확률이 높음
- ASIC이 적용되는 특정 코인 채굴만 가능
- 채산성이 나오지 않는 중고 판매가 불가능해 손해 규모가 커짐

VGA

장점
- 채산성 악화 시 다양한 다른 코인 채굴로 손해를 줄일 수 있음

단점
- 채굴에 전문 기술이 필요(ex. 그래픽 설정, 램 설정, 리눅스 설정, 원격 설정, 온도 관리 등)
- 장비의 원활한 수급이 어려움
- 굉장히 많은 시간이 소요

채굴을 전문으로 하려면 고도의 기술이 필요합니다. 또한 전기 요금과 코인 가격, 부품 가격 등을 고려해서 진입 시점을 정확히 선정해야 이익을 극대화할 수 있으며 손해를 최소화할 수 있습니다. 채굴에 대한 정보는 실시간으로 빠르게 변화하므로 따로 적지 않습니다. www.ddengle.com에서 최신 정보를 꼭 확인해야 합니다.

ASIC이란

ASIC은 Application Specific Integrated Circuit의 약자로 주문형 반도체입니다. VGA 카드로 채굴하게 되면 채굴에 필요하지 않은 기능들까지 들어가므로 효율성이 떨어집니다. 만일 정확하게 채굴만 하는 부품들만 따로 모아서 채굴한다면 효율성이 더 올라갈 것입니다. 이런 생각에서 만들어진 것이 바로 비트코인 전용 채굴기 ASIC입니다.

전용 채굴기가 등장하기 전까지는 VGA 채굴이 대다수를 이뤄 VGA 카드의 수요가 급등해서 VGA 카드를 제조하는 AMD의 순익이 크게 증가하기도 했습니다. 하지만 ASIC이 등장하면서 VGA 채굴의 효율성이 계속 떨어지고 이제는 VGA 채굴을 거의 하지 않습니다.

전용 채굴기가 등장하면서 비트코인 생태계에 많은 변화가 있었습니다. 비트코인의 기본 정신은 블록체인의 분산화입니다. 최초의 CPU 채굴, 그 후의 VGA 채굴이 주를 이루었을 때는 비트코인 채굴이 최대한 많은 개인에게 분산되어서 발행되는 코인도 골고루 분산될 수 있었고, 어느 특정 개인이 VGA 카드만으로는 전체에서 차지하는 비율을 높게 유지할 수 없었기 때문에 특정 개인이나 특정 집단에 의한 블록체인 변조가 굉장히 어렵습니다. 하지만 전용 채굴 장비 ASIC이 등장하면서 기존의 VGA 채굴이 사라지고 ASIC만 채굴에 참여하게 되면서 채굴자의 수가 줄어들었습니다. 예전에는 소량의 다수였다면, 지금은 대량의 소수가 남은 셈입니다. 이렇게 되면 비트코인의 분산화에 반대되는 현상으로 블록체인의 안정성이 줄어들게 됩니다. 아직 문제가 발생하지는 않지만, 만일 계속 빠른 성능의 ASIC이 개발되고 더욱 소수에게 해시가 집중되면 소수의 담합에 의해 블록체인이 위협을 받을 수 있습니다.

비트코인에
투자를 할 수도 있나요?

비트코인도 주식처럼 투자할 수 있습니다. 비트코인 자체는 온라인 거래를 위해 태어났지만, 비트코인의 미래를 밝게 본 사람들에 의해 비트코인 자체를 보유하려는 투자자들 또한 많이 존재합니다. 세계 최대 소셜 네트워크 서비스(Social Networking Service, SNS)인 페이스북의 설립자 마크 저커버그Mark Elliot Zuckerberg가 자신들의 아이디어를 훔쳤다며 7년간 법정 싸움을 벌인 것으로 유명세를 탔던 윙클보스Winklevoss 형제들도 비트코인의 가치를 높게 평가해서 비트코인에 많은 투자를 했으며 관련 사업들을 진행하고 있습니다. 미 증권거래위원회(Securities and Exchange Commission, SEC)에 '윙클보스 비트코인 트러스트Winklevoss Bitcoin Trust'라는 이름의 상장 지수 펀드를 주식으로 상장하겠다는 계획서를 제출했습니다. 그러나 여러 번 거절되었으며 계속 수정 계획서를 제출하는 중입니다.

비트코인의 현재 총 발행량에 현재가를 곱한 금액은 56,595,197,716달러입니다. 주식으로 치면 주가 총액 정도로 이해하면 됩니다. 한화로 치면 오늘자 기준으로 63조 6130억 원입니다. 지난 24시간 동안의 거래 금액은 '1,533,250,000달러=1조 7233억 원'입니다.

특별한 뉴스가 없으면 하루 1~3% 이내에서 안정적인 변동 폭을 보이지만 호재 혹은 악재가 발생하면 순식간에 10%를 넘어설 정도의 급등락이 발생하는 수 있으므로 투자에는 신중해야 합니다. 비트코인 거래 시장은 상하한가가 없고 작은 소재에도 급등이나 급락을 하는 경우가 빈번하므로 쉽게 접근할 수 있는 분야는 아닙니다. 주식 시장에서 몇 년을 보냈다는 분들도 비트코인 투자 몇 달 만에 주식 몇 년을 겪은 것 같다고 할 정도입니다.

비트코인 투자자들이 늘어나는 것은 비트코인의 미래 성장성에 많은 도움이 됩니다. 투자자들에 의해 많은 거래가 발생을 해야 유동성이 풍부해지고 실거래에서 사용된 비트코인을 빠르고 편하게 현지 통화로 전환할 수 있습니다.

비트코인 가격에 대한 정보는 http://bitcoinwisdom.com 또는 http://coinmarketcap.com에서 열람할 수 있습니다. 세계적인 대형 거래소로는 비트파이넥스, 폴로닉스, 비트렉스(Bittrex) 등이 있습니다.

한국에서는 2014년에 문을 연 코빗과 코인원을 비롯해 여러 거래소가 있습니다. 비트코인 투자를 하는 방법은 한국 내 거래소에서만 거래하는 방법이 있고 한국에서 비트코인을 구매한 뒤에 외국 거래소로 가서 거래하는 방법이 있습니다. 하지만 결국에는 한국에서 다시 환매해야 현금화할 수 있으므로 다시 한국 거래소로 가지고 와야 합니다.

> 폴로닉스(https://poloniex.com/)
>
> 미국에 설립된 거래소로 알트코인을 위주로 거래하는 거래소입니다. 다른 거래소들과 달리 현금을 이용한 거래가 아니라 BTC를 기반으로 한 거래소입니다. 현지 화폐를 받지 않습니다. 대신 USD 같은 가치를 가지는 USDT(Tether)라는 토큰을 이용하여 BTC 거래를 하기도 합니다. 비트코인을 제외한 부문에서는 전 세계에서 가장 규모가 큰 거래소입니다.
>
>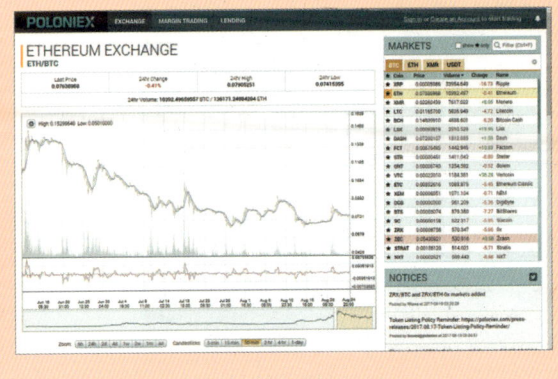

비트파이넥스(www.bitfinex.com)

홍콩을 기반으로 한 거래소입니다. 2012년 법인이 설립되었으며 마진과 펀딩이라는 독특한 트레이딩 시스템을 가지고 있습니다. 현재 거래량 순위 전 세계 1~10위권 내에 드는 거래소로 비트코인, 이더리움 외의 다양한 코인을 거래할 수 있습니다. 2016년 119,756BTC가 해킹을 당하기도 하였으나 회사 주식 BFX를 발행하여 회원들의 손실을 많이 복구해주었습니다. 해킹으로 많은 어려움이 있었으나 이후 더 강력한 보안과 더 나은 시스템으로 무장하여 다시 세계 순위권 거래소로 운영되고 있습니다.

코빗(www.korbit.co.kr)

국내 최초의 비트코인 거래소로 시작해 현재 국내 3대 암호 화폐 거래소로 불립니다. 소프트뱅크벤처스와 실리콘밸리의 유명 벤처캐피탈에서 투자를 받아 화제가 되었으며, 동종 업계 중 가장 오랜 거래소 운영 경험이 있어 수년에 걸친 노하우로 안정적인 서비스를 제공합니다.

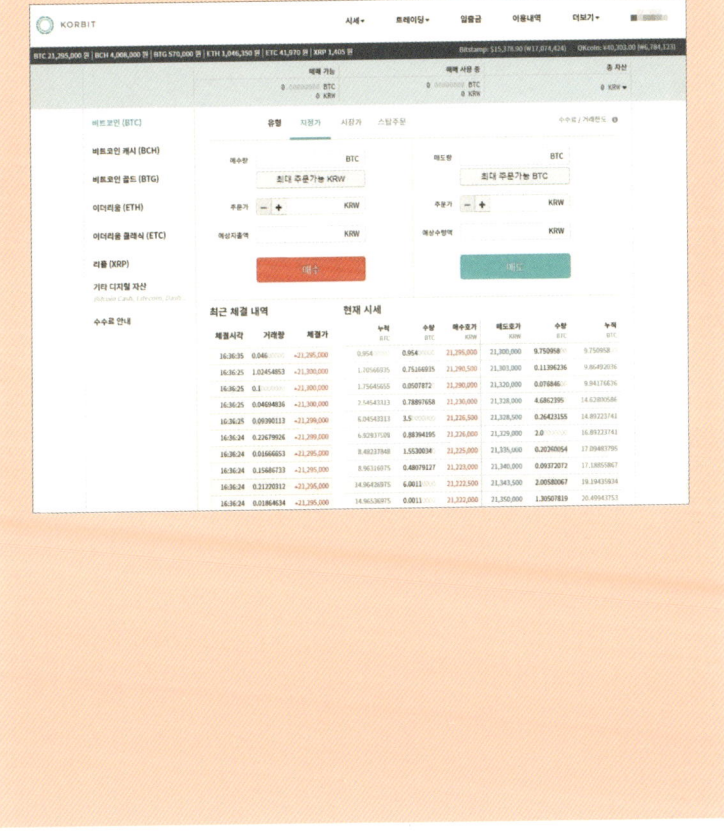

코인원(www.coinone.co.kr)

국내 최초로 다중 서명Multisig 지갑을 적용했으며, 이더리움과 이더리움 클래식을 처음 상장했습니다. PC와 모바일 웹을 통해 거래할 수 있으며, 세계 암호 화폐 거래량 약 5위를 차지하고 있습니다. 깔끔한 UI와 프로 차트, 실시간 채팅이 특징입니다.

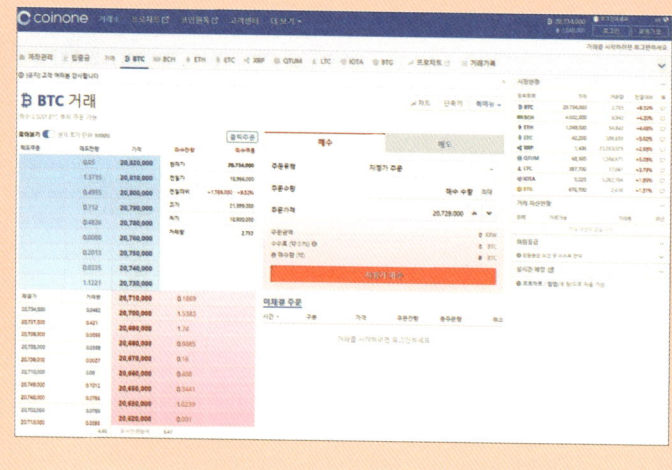

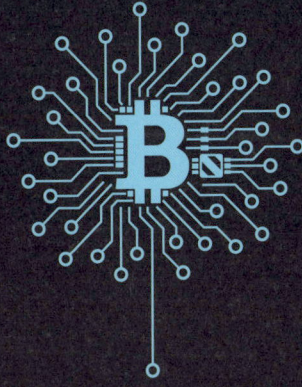

CHAPTER 05

이더리움은 무엇인가요?
스마트 컨트랙트의 탄생

BITCOIN

이더리움은
누가 만들었나요?

이더리움Ethereum은 러시아 태생 캐나다인 비탈리크 부테린Vitalik Buterin이 만든 코인입니다. 1994년생이라는 젊은 나이임에도 불구하고 수학, 경제학, 프로그램에 대한 지식이 폭넓습니다. 2011년부터 〈비트코인 매거진Bitcoin Magazine〉에 글을 쓰면서 블록체인을 확장할 아이디어를 구상하여 2013년 그 구상을 공개하고 개발팀을 구축했습니다. 2014년에 이더리움을 정식 런칭하면서 크라우드펀딩

▌이더리움의 창시자 비탈리크 부테린

Crowd funding을 통해 200억 원의 자금을 모집하여 풀타임 개발팀을 구축하여 여러 언어로 다양한 소비자 환경을 위해 개발을 계속 진행하고 있습니다. 2017년 6월에는 사망설이 돌면서 이더리움 가격이 폭락하기도 하는 등 암호화 화폐의 중심에 있는 인물입니다.

> **심화 개념: 암호화 함수**
>
> 암호화 함수에는 크게 양방향 함수와 단방향 함수가 있습니다.
> **암호화:** 복잡하게 만드는 것
> **복호화:** 원래 문자를 찾는 것
>
> **양방향 함수**
> ex. AES 함수
> '12345'를 AES 암호화하면 'abcde'가 나옵니다.
> 'abcde'를 복호화하면 원래 값 '12345'가 나옵니다.
> 그러므로 'abcde'를 다른 사람에게 알려주고 '나 원래 뭐였게?'라고 물어보면 '너 12345잖아'라고 알아맞힐 수 있습니다.
> 왜냐하면 복호화가 가능하기 때문입니다.
>
> **단방향 함수**
> ex. SHA-256 함수, 해시 함수
> '12345'를 SHA-256 암호화하면 'vwxyz'가 나옵니다.
> 'vwxyz'는 복호화할 수 없습니다. 원래 값이 무엇이었는지 알 수 없습

니다.
그러므로 'vwxyz'를 다른 사람에게 알려주고 '나 원래 뭐였게?'라고 물어보면 '글쎄?' 하고 아무도 알아맞힐 수 없습니다.

'너 원래 12345잖아'라고 찍어서 맞힐 확률은 (비트코인에서)
$16^{64} \div 64 = \frac{16^{64}}{64} = \frac{(2^4)^{64}}{2^6} = 2^{250} = (2^{10})^{25} = 1000^{25} = 10^{75} =$
1000000000000000000000000000000000000000000000000000000000000000000000000000분의 1의 확률로 '너 원래 12345잖아'라고 맞힐 수 있습니다.
원래 무엇이었는지 맞힐 확률은 거의 없습니다.
로또 11회 연속 당첨되는 것과 비슷한 확률이니까요.

스마트 컨트랙트는
무엇이죠?

비트코인과 이더리움의 차이점을 이해하려면 먼저 스마트 컨트랙트Smart Contract라는 개념부터 알아야 합니다.

머리말에서 언급했듯이 비트코인도 중요하지만 블록체인이 우리 일상에 미칠 영향이 상당히 크다는 것을 계속 강조했습니다. 블록체인을 통해 '화폐'의 소유 증명을 할 수도 있지만 신분 증명, 계약 증명 등도 할 수 있습니다. 예를 들어 www.ddengle.com/쌍둥아빠.png에 신분증을 올리고 이 사진의 해시와 URL(Uniform Resource Locator, 인터넷상의 파일 주소)을 블록에 올립니다. 그리고 이 블록의 해당 트랜잭션에 대해 개인키를 보여준다면 그 신분증은 본인이 올린 것이 맞다는 것을 증명할 수 있습니다.

> **심화 개념: 해시 함수**
>
> 비트코인에서 사용하는 해시 함수는 SHA-256입니다. 다른 페이지에서 간단히 서술을 했습니다만, 길이가 긴 문자열을 해시 함수를 적용하면 64자리 문자열이라는 결과가 나옵니다. 그리고 문자열의 한 글자라도 바뀌면 전혀 다른 결과값이 나옵니다.
> 길이가 짧아지기 때문에 정보가 소실되므로 해시의 결과를 이용해 원래 정보가 무엇이었는지 복원하는 것은 불가능합니다. 어떤 문자열을 해야 내가 원하는 해시 결과가 나오는지 찾는 것도 현재 기술로는 불가능에 가깝습니다.
> 이를 이용해서 '원본 인증'이 가능합니다.
> '내 사진'을 해시하면 '12345'가 나온다고 가정하겠습니다. 만일 어느 누군가가 '내 사진'을 '가짜 사진'으로 바꿔치기를 했습니다. '가짜 사진'을 해시하면 '67890'이 나옵니다. '12345'가 나오지 않은 것을 보고 사진이 원본이 아니라는 것을 쉽게 알 수 있습니다.

여기에서 더 나아가 계약에 대한 문건을 블록체인에 저장할 수 있습니다. 또는 계약이 이루어지는 조건의 명령어를 작성해 블록체인에 저장해서 코인이 들어오고 나가는 것을 파악해서 자동으로 전송이 되도록 할 수 있습니다. 이 책은 초보자를 위한 책이므로 어려운 설명은 하지 않습니다. 간단하게 '블록체인에 올리는 자동 계약'이라고 이해하면 됩니다.

이더리움이 비트코인과
다른 점이 궁금해요

　이더리움이 비트코인과 다른 점은 바로 스마트 컨트랙트를 손쉽게 작성할 수 있다는 점입니다. 기존에는 스마트 컨트랙트를 구현하려면 별도의 블록체인 관련 프로그램을 만들고 별도의 채굴 프로그램을 돌리는 등의 작업을 해야 했는데 이더리움은 이런 스마트 컨트랙트들을 이더리움을 위해서 프로그램할 수 있게 만들었습니다. 이 스마트 컨트랙트를 사용하려면 이더Ether라는 이더리움 자체 코인을 사용해야 합니다. 이더리움이라는 플랫폼을 만들면서 동시에 이더리움이라는 코인의 사용처를 동시에 만들어내어 이더리움이라는 코인의 가치를 스스로 생성해낸 천재적인 작품입니다.

　비트코인은 블록체인의 기본 기능에 충실했습니다. 최초로 블록체인을 제안한 프로그램인 만큼 다양한 기능을 접목하기보다는 근본적인 증명 및 분산 원장 기술에 주력을 했습니다.

이더리움은 블록체인의 증명 기술에서 더 진보한 개념으로 스마트 컨트랙트를 추가하여 블록체인을 좀 더 쉽게 사용할 수 있게 만들었습니다. 간단히 말하면 코인 위에 코인을 올릴 수 있는 시스템입니다. 대신 올라간 코인을 사용하려면 가스$_{gas}$라는 개념으로 이더리움 코인을 사용해야 합니다.

이더리움이 없는 상황을 예로 들어보겠습니다.

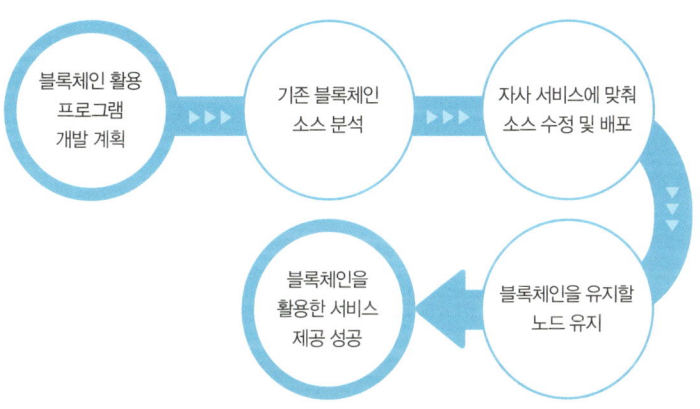

자사 서비스에 맞춰 개발하려면 개발 비용이 필요하며 이 블록체인을 유지하려면 채굴을 진행해줄 서버들이 필요하고 또 이 블록체인의 저장을 담당할 노드들이 필요합니다. 이 중의 하나라도 부족하면 블록체인이 위조될 수 있습니다.

이더리움을 활용한 예입니다.

이더리움을 사용하면 블록체인을 활용하려는 회사에서의 업무가 획기적으로 줄어듭니다. 이더리움 자체에서 새로운 컨트랙트를 올리기 위한 플랫폼을 제공하므로 새로운 블록체인을 개발할 필요 없이 이더리움이 제공하는 규약에 맞추어서 원하는 서비스를 작성하면 됩니다. 그러므로 개발 기간과 비용이 획기적으로 줄어듭니다. 게다가 블록체인을 유지하기 위한 각종 채굴 및 노드들에 대한 비용이 획기적으로 절감됩니다. 독자적인 블록체인을 유지한다면 해시 파워가 충분하지 못하므로 외부 세력에 의한 블록체인 변조에 취약할 수 있는데, 이더리움을 활용하면 이 부분에 대한 불안 요소도 사라집니다.

이런 장점들 덕분에 세계적으로 유명한 회사들이 EEA(Enterprise Ethereum Alliance, 이더리움기업연합)에 많은 참여를 했습니다.(https://entethalliance.org/members/) 시스코cisco, J.P.모건J.P.Morgan, 마스터카드mastercard, 마이크로소프트Microsoft 등 이 시점을 기준으로 134개의 업

체들이 참여하고 있으며 한국에서는 삼성 SDS가 참여했습니다.

이더리움도 스마트 컨트랙트 부분에서는 처음 시도되는 프로그램인 만큼 개선해야 할 부분이 많습니다. 프로그램상의 버그로 초기에 여러 문제가 있었습니다. 가장 유명한 것으로 DAO (Decentralized Autonomus Organization, 분권화 익명 조직) 해킹이 있습니다.

DAO 해킹

이더리움을 기반으로 제작된 최초의 스마트 컨트랙트 토큰(이더리움 위에 올라가는 또 다른 코인)입니다. 2016년 4월 30일부터 코인 펀딩(Initial Coin Offering, ICO)이 시작되었으며 최초의 이더리움 토큰으로 큰 인기를 끌었습니다. 총 1만 1000명이 참여해서 150만 달러의 크라우딩 펀드가 마감되었습니다. 그러나 스마트 컨트랙트를 구현하는 부분에서 치명적 결함이 노출되어 DAO를 통해 모금된 이더리움이 해킹되는 사태가 발생하고 DAO로 모금된 이더리움이 해커에게 넘어갔습니다. 이후 이더리움 개발진은 해커에게 넘어간 이더리움의 사용을 불가능하게 하는 방식으로 이더리움 소스를 변경합니다. 합의되지 않은 소스 변경에 반발하는 측에서는 기존 이더리움에서 갈라져 나와 기존의 이더리움을 계속 사용하게 됩니다. 이것을 이더리움 클래식(Ethereum Classic, ETC)이라고 합니다. 이후로는 꾸준히 환경을 개선하여 현재에 이르렀습니다.

실전 활용법
이더리움 지갑 설치하기

예제 설치 환경: 윈도우10(64bit), Bitcoin Core 0.14.2

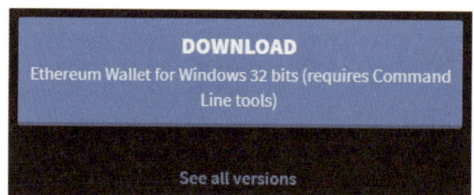

이더리움 지갑을 설치하려면 맨 먼저 www.ethereum.org에 접속합니다.

첫 페이지 왼쪽 아래에 있는 DOWNLOAD의 [See all versions]를 클릭합니다.

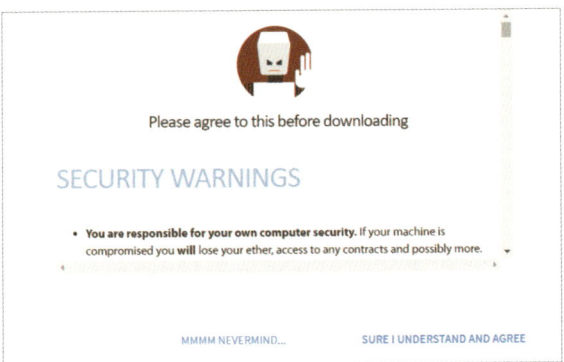

보안 경고가 나타나면 오른쪽 하단의 [SURE I UNDERSTAND AND AGREE]를 클릭합니다.

아래와 같은 새 창이 뜨면 아래로 이동합니다.

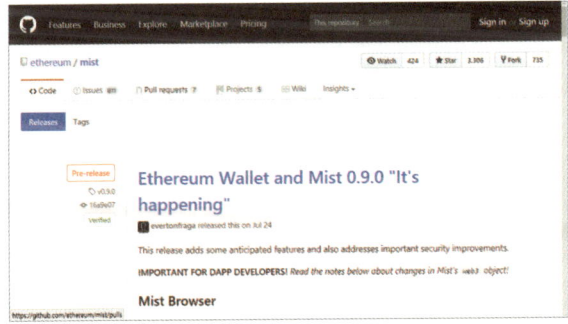

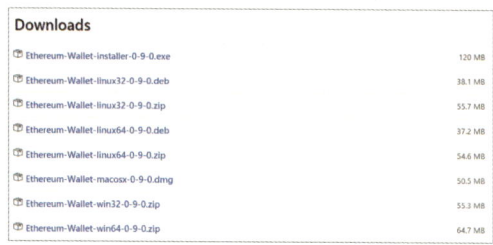

스크롤 바를 이용하여 화면을 내리면 [Downloads] 메뉴가 나옵니다. 자신의 OS 및 버전에 맞는 파일을 다운받습니다.

예제에서는 버전이 윈도우 64bit이므로 'Ethereum-Wallet-win64-0-9-0.zip'을 다운로드하겠습니다.

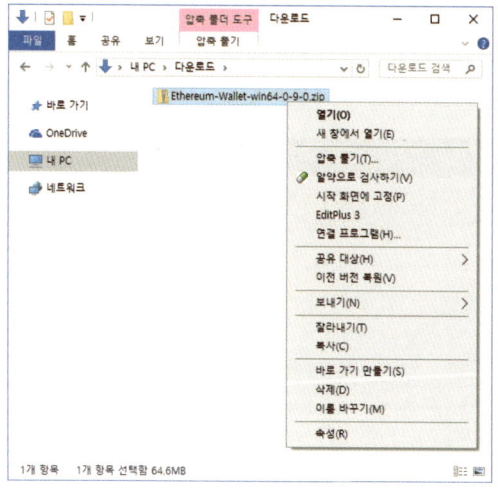

다운로드 폴더로 이동하고 [파일]에서 마우스를 우클릭한 다음 [압축 풀기(T)]를 좌클릭합니다.

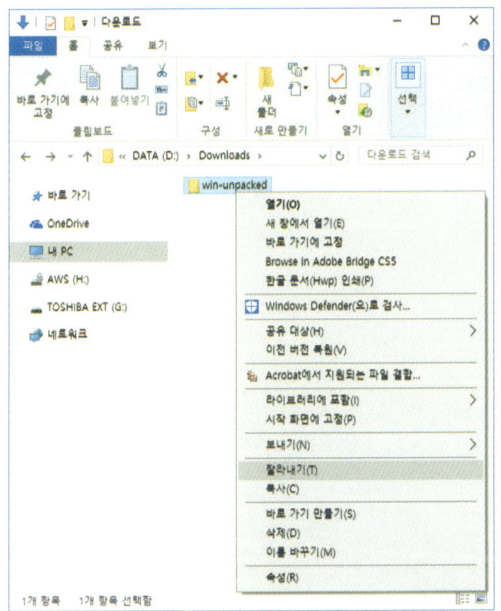

'win-unpacked'라는 폴더가 생성되면 이 폴더에 우클릭을 하고 [잘라내기(T)]를 좌클릭합니다.

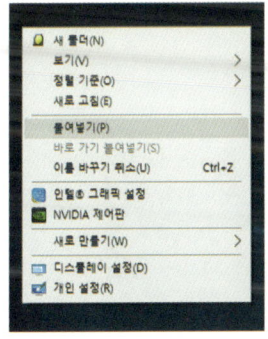

이후 바로 바탕 화면의 빈 부분에 마우스를 우클릭하고 [붙여넣기(P)]에 좌클릭을 합니다. [잘라내기(T)]를 하고 나서 바로 [붙여넣기(P)]를 해야 합니다. 중간에 다른 동작을 하면 [붙여넣기(P)] 클릭이 작동하지 않습니다.

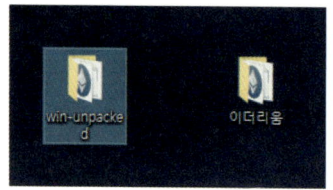
'win-unpacked'를 좌클릭하고 나서 [F2]를 누르면 이름을 변경할 수 있습니다. 오른쪽처럼 [이더리움]으로 변경합니다.

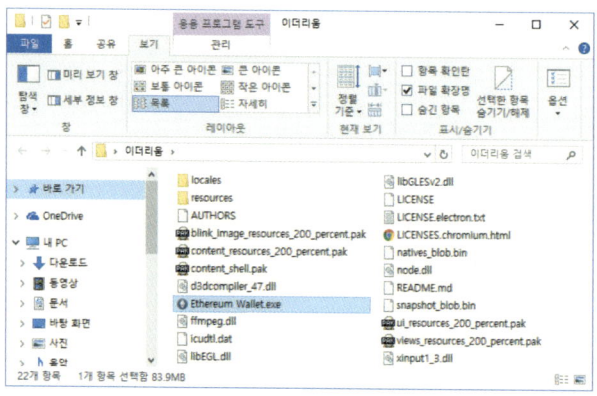

'Ethereum Wallet.exe'를 더블 클릭하면 아래 이미지 같은 화면이 지나갑니다.

 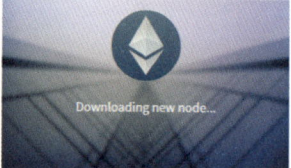

'USE THE MAIN NETWORK'를 클릭합니다.

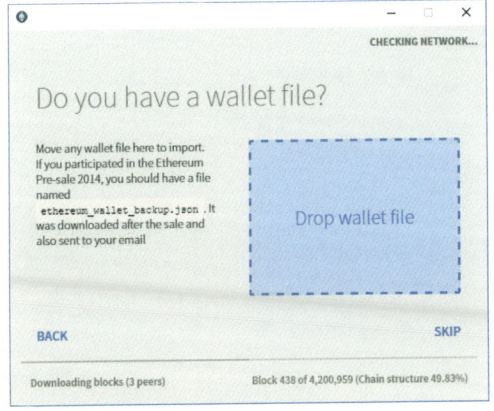

기존의 지갑 파일이 있으면 넣으라는 메시지인데 지금은 없으므로 SKIP 을 클릭합니다.

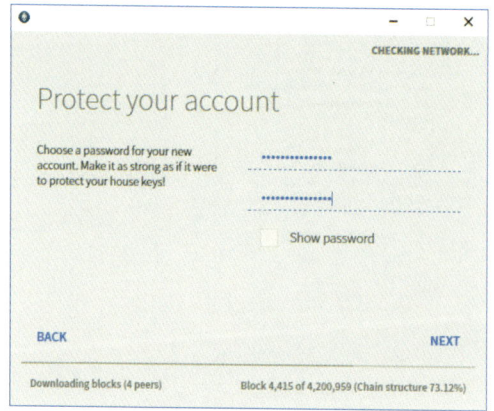

지갑 비밀 번호를 안전한 것으로 입력하고 NEXT 를 클릭합니다.

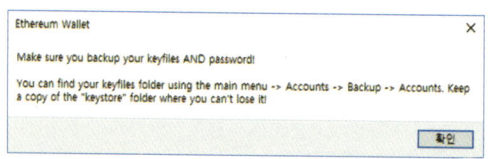

지갑 파일을 복사하는 방법에 대해 안내하고 있습니다. 확인 을 클릭합니다.

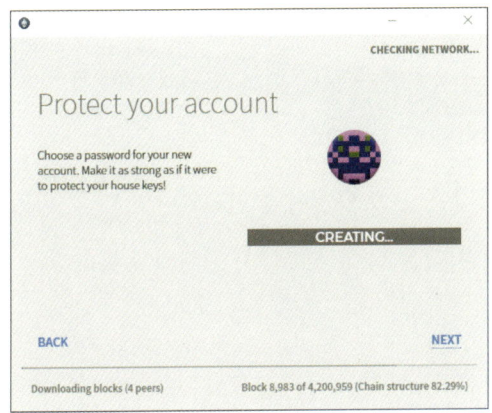

새로운 지갑 파일을 생성하고 있습니다. 완료되면 NEXT 를 클릭합니다.

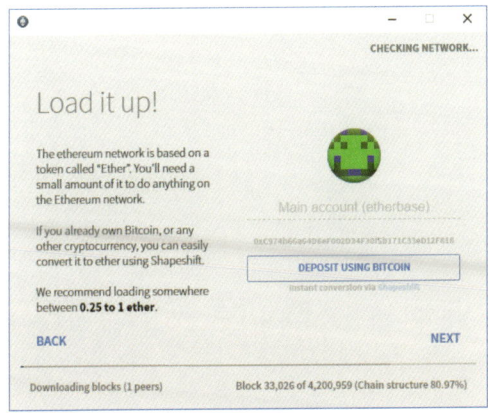

지갑 파일이 생성되고 동기화가 시작됩니다.

아래쪽을 보면 현재 동기화 진행 상태를 확인할 수 있습니다.

동기화 시 주의할 점! 동기화가 끝날 때까지 절대로 PC를 재시작하거나 이더리움을 재시작하면 됩니다.

혹시라도 동기화 중간에 프로그램이 중단되었다면 다음 파트를 참고해서 기존 블록과 지갑을 삭제하고 다시 진행해야 합니다.

설치가 완료되었습니다. 위 화면은 아직 123,595블럭만큼 동기화가 남은 상태입니다.

받기

먼저 중앙의 MAIN ACCOUNT(Etherbase)를 클릭합니다.

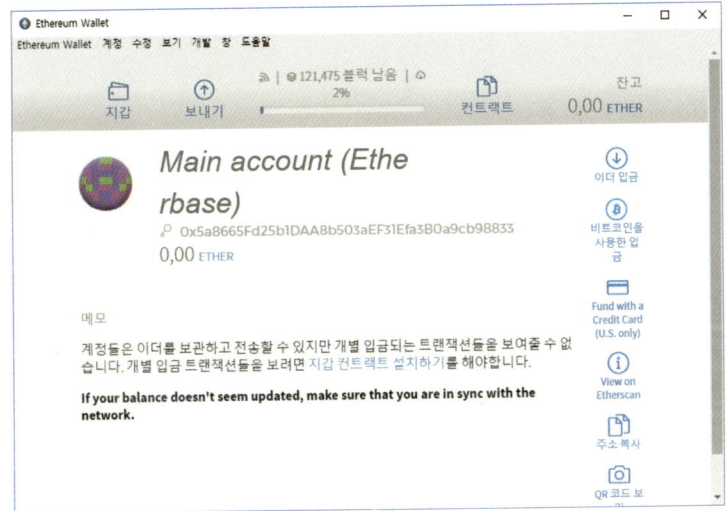

'0x5a8665Fd25b1DAA8b503aEF31Efa3B0a9cb98833'이 이더 주소입니다. 외부에서 이 주소로 이더를 보내면 됩니다.

보내기

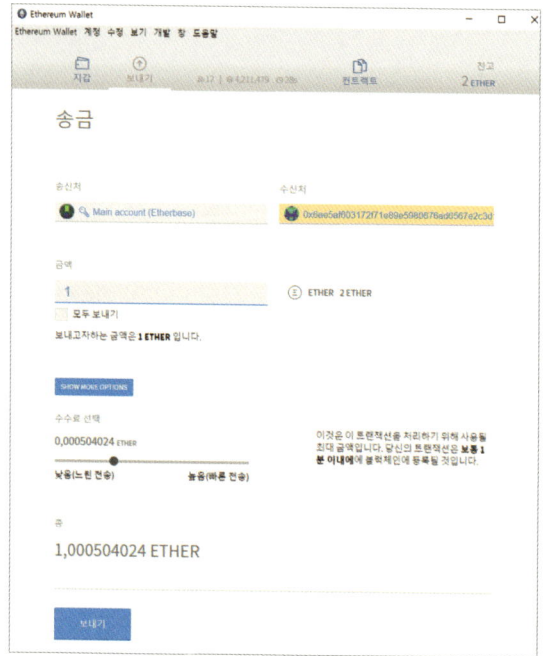

맨 먼저 상단의 [보내기]를 클릭합니다.

'수신처'에 상대방 이더 주소를 입력하고 '금액'에 보낼 코인의 양을 입력합니다. '수수료 선택'은 적절히 하면 됩니다. 이더리움의 전송은 가장 낮은 수수료로 해도 이체가 잘되지만, 가끔 코인 ICO 등의 이벤트가 있으면 전송이 폭주해서 전송이 나가지 않거나 밀리기도 합니다. 이런 경우에는 수수료를 일시적으로 높여야 합니다.

전송 확인하기

아직 이더리움 프로그램이 완벽하지 않아서 오류가 종종 발생합니다. 그러므로 나의 전송이 잘되었는지는 반드시 이더리움 프로그램이 아니라 외부 홈페이지를 이용해 확인합니다. 이더리움 전송 확인 사이트로는 https://etherscan.io/를 가장 많이 사용합니다.

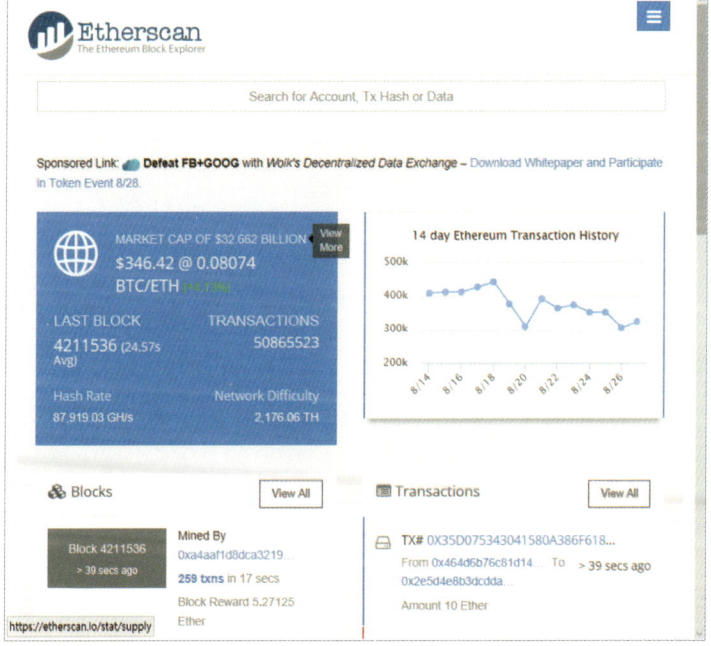

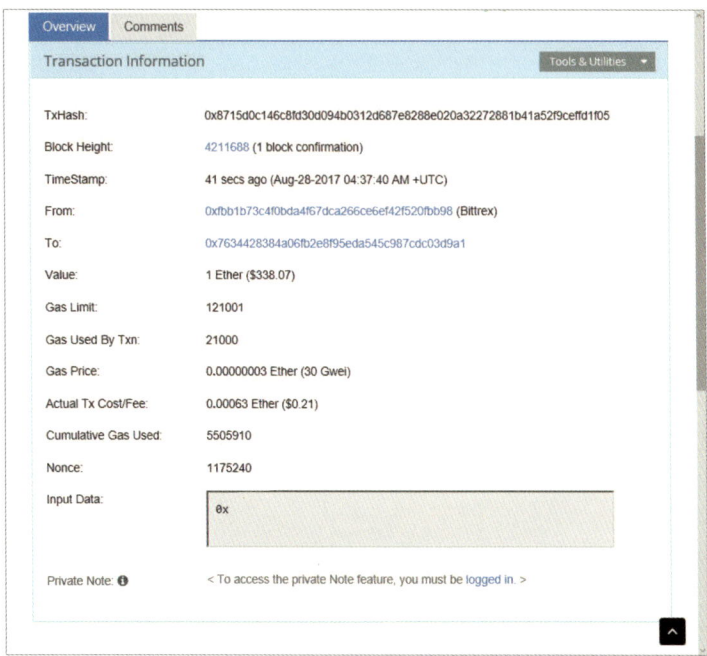

'https://etherscan.io/tx/0x8715d0c146c8fd30d094b0312d687e8288e020a32272881b41a52f9ceffd1f05' 이런 식으로 txid를 검색하면 자신의 전송 정보를 확인할 수 있습니다.

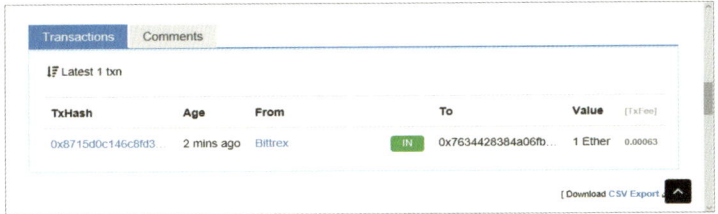

'https://etherscan.io/address/0x7634428384a06fb2e8f95eda545c987cdc03d9a1' 이렇게 주소를 검색하는 방법도 있습니다. 주소를 검색하는 편이 보기에 더 쉽습니다. 이 사이트를 이용하면 pending(전송 중), 수신, 송신, 잔액 등을 확인할 수 있습니다. 이더리움 미스트Mist 지갑에서는 자체적인 코인 입금 내역을 보여주지 않으므로 이 사이트를 적절하게 활용하면 편리합니다.

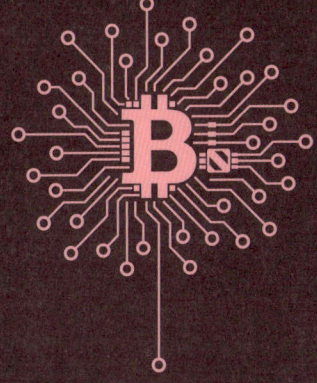

CHAPTER 06

다른 암호화 코인에는 무엇이 있나요?

알트코인이
무엇인가요?

　비트코인은 암호화 화폐로서 역사적인 획을 그은 대표 코인입니다. 그리고 오픈 소스_{open source}라는 특징에 따라 모든 소스가 공개되어 있습니다. 그러므로 자신이 소스를 수정하고 알고리즘을 변경할 실력이 된다면 누구든 기존의 소스를 이용해서 새로운 코인을 만들 수 있습니다.

　그런데 단순히 이름만 바꿔서 만들면 아무도 그 코인에 관심을 가지지 않겠죠? 그래서 비트코인에는 없는 여러 기능을 추가해서 새로운 코인 기능의 실험실 역할을 하고 있습니다. 메시지를 첨부하는 기능, 전송 시간을 짧게 해서 1분 안에 전송이 완료되도록 하는 기능, 완전한 익명성으로 전송하는 기능 등 비트코인에서 하지 못했

다양한 대안 화폐인 알트코인

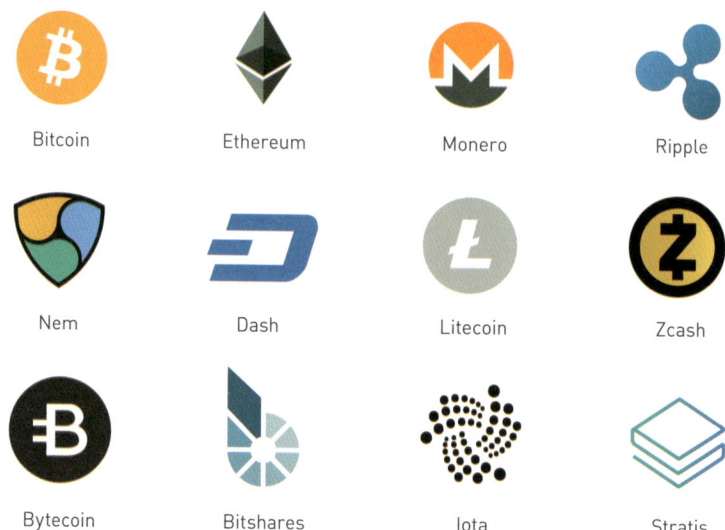

던 다양한 시도들이 새로운 코인 제작에서 이루어지고 있습니다. 이렇게 새로 제작되는 코인을 대안 화폐Alternative Coin, 즉 알트코인Altcoin이라고 부릅니다.

알트코인의 인기에 따라 수많은 알트코인이 생겨나고 사라지고 있으며 지금도 알트코인은 계속 만들어지고 있습니다. 현재 알트코인의 개수는 1000개가 넘습니다. 하지만 이 중에서 진정으로 비트코인의 기능을 개선하기 위한 실험 정신을 가진 알트코인은 많지 않으며 자신만의 독특한 기능과 사용처를 가지지 못한 알트코인은 출시되고 나서 바로 사용자들에게 잊히고 있습니다.

라이트코인은 무엇인가요?

비트코인은 10분에 1번씩 블록이 생성되므로 그만큼 전송이 완료되는 데 시간이 오래 걸립니다. 시간이 오래 걸린다는 것은 그만큼 오류 발생 확률을 낮춘다는 점에서 도움이 됩니다. 하지만 너무 오랜 시간이 걸린다는 불만이 많아 이를 줄이고 발행량을 늘려서 라이트코인LiteCoin(http://litecoin.org)이 새로 만들어졌습니다.

블록 생성 시간은 기존의 10분에서 4분의 1로 줄인 2분 30초마다 블록이 1번씩 생성되고, 총 발행량은 정확히 4배 늘려서 8200만 LTC(라이트코인의 단위)가 발행되도록 설계되었습니다. 비트코인 주소가 1로 시작하는 것과 달리 라이트코인의 주소는 L로 시작합니다. 이외의 기능은 기존 비트코인과 같습니다.

비트코인과 유사한 방식으로 운영되는 라이트코인

비트코인을 따라한 최초의 알트코인으로서의 자리를 유지하고 있지만 그 이상의 별다른 기능이 없다는 단점으로 큰 인기를 누리지 못하고 있습니다. 한때 비트코인 가치의 20분의 1에 달할 정도로 높은 가격을 누렸습니다만, 지금은 80분의 1 정도 가격을 형성하고 있습니다.

이더리움 클래식은 무엇인가요?

이더리움 외에 이더리움 클래식Ethereum Classic이라는 코인이 또 있습니다. 순댓국집 옆에 '원조 순댓국집'이 또 있는 격입니다. 누가 더 맛있을까요?

이더리움의 핵심 기능은 플랫폼입니다. 이 플랫폼을 활용한 DAO 토큰에서 취약점이 노출되어 ICO로 모금한 이더리움이 탈취되는 사고가 벌어집니다. 이에 이더리움 개발진에서 내놓은 해결책은 해킹된 이더리움을 사용하지 못하도록 프로그램 소스를 변경하는 것이었습니다. 블록체인은 합의 시스템이므로 개발진에서 단순히 프로그램만 변경한다고 그대로 시행되는 것은 아닙니다. 이 프로그램이 일반 사용자들에게 전파가 되어야 하고 또 채굴자들이 이 프로그램

■ 이더리움에서 갈라져 나온 이더리움 클래식

으로 블록을 생성해주어야 제대로 이더리움 시스템이 작동합니다.

　이런 사건들을 해결하는 과정에서 개발진에 의한 인위적인 하드포크에 반발하는 진영에서 기존 이더리움을 계속 사용하고 개발을 진행하면서 기존 이더리움의 이름을 이더리움 클래식이라고 붙입니다. 여기에 더해 폴로닉스라는 대형 알트코인 거래소에서 기습적으로 이더리움 클래식을 거래 가능하게 상장을 하면서 금방 사라질 줄 알았던 이더리움 클래식이 예상과 달리 활성화되어 지금까지 유지되고 있습니다. 이더리움 클래식의 가격은 이더리움 가격의 20분의 1 정도를 유지하고 있습니다.

비트코인 캐시는 무엇인가요?

　비트코인은 아직도 개발 진행형입니다. 전송할 수 있는 이체 개수가 10분에 대략 1500~2000개 정도로 낮은 수준입니다. 이로 인해 우선순위가 미뤄지는 전송들이 생기면서 며칠간 기다리는 일이 생기기도 합니다. 이런 문제점들을 해결하려고 압축률을 올리는 방법, 전송할 수 있는 양을 늘리는 방법, 압축도 하면서 전송할 수 있는 양을 늘리는 방법 등의 다양한 제안이 나왔습니다. 이런 제안들 중 하나가 이체 개수를 늘린 비트코인 캐시Bitcoin Cash입니다. 기존 전송의 8배까지 늘리겠다는 단기 목표가 있습니다.

　비트코인 캐시는 장단점이 많이 혼재되어 있습니다.

　장점으로 첫째, 전송할 수 있는 양(이하 블록 사이즈)을 늘려서 전

비트코인의 분열이 낳은 비트코인 캐쉬

송이 늦어지게 하는 경우를 줄어들게 하였습니다. 둘째, 앤트풀Antpool이라는 채굴 풀을 협력 풀로 보유하여 안정적인 해시의 공급이 가능합니다.

단점으로 첫째, 개발진이 채굴기 제조 회사와 연관되어 있어 개발 방향이 채굴자에게 유리하게 될 수도 있습니다. 블록 사이즈를 늘리는 경우 전송 건수가 많아지면서 채굴자의 수수료 수익은 올라가지만, 장기적으로는 블록 데이터의 크기가 감당할 수 없을 만큼 커지게 되면 풀 노드의 숫자가 줄어들어 블록체인의 안정성이 저하되는 문제가 생깁니다.

둘째, 블록 해시Block hash가 앤트풀에 집중되어 블록이나 프로그램 변경이 어느 한 집단에 의해 좌지우지될 수 있습니다. 비트코인의 분산 정책에 맞지 않아, 만일 비트메인(bitmain, 중국 주요 채굴 농장) 측에서 치우친 방향으로 프로그램 변경을 하게 되는 경우 이를 제지할 방도가 줄어듭니다.

　이런 장단점을 잘 조화시킨다면 발전 가능성이 매우 큽니다. 비트코인은 다액 저빈도 전송으로 금 같은 역할을, 비트코인 캐시는 소액 다빈도 전송으로 화폐 같은 역할을 분담함으로서 실생활에서는 비트코인 캐시가 더 많이 쓰일 수도 있습니다.

리플은
무엇인가요?

리플Ripple은 국제간 송금을 목표로 만들어진 암호화 화폐입니다. 그래서 익명성의 암호화 화폐 기능보다는 송금의 시스템적 처리 부분에 많은 노력을 기울이고 있습니다. 이런 목표를 세웠기 때문에 리플 네트워크에 참여하는 서버는 중앙에 의해 인증을 받아야 하며 이런 인증 받은 서버들 사이에서만 Ledger(비트코인의 트랜잭션과 비슷한 개념)가 만들어지고 승인을 받습니다. 인증 받은 서버들로만 구성되므로 비트코인처럼 해시 경쟁을 하지 않습니다.

리플의 구조는 일반적으로 코인을 보내고 받는 방식이 아니며 리플 내에 독자적인 게이트웨이gateway(예를 들어 한국 지사)가 존재해서 한국 지사의 계정을 이용하여 미국 지사와 외환 거래를 할 수 있도록 하는 시스템입니다. USD-KRW(United States Dollar/Korean Won) 사이에서 XRP라는 리플 코인을 이용하는 방식입니다.

▌게이트웨이 합의 시스템을 사용한 리플

리플의 장점으로는 첫째, 빠른 전송입니다. 전송되면 그 즉시 Ledger에 올라가는 방식으로 전송이 빠릅니다. 둘째, 승인된 서버들 사이에서만의 네트워크를 사용하므로 비트코인 같은 해시 경쟁을 할 필요가 없어 에너지 친화적입니다.

리플의 단점으로는 첫째, XRP의 보유가 소수에 집중되어 있습니다. 둘째, 개인 사용자 입장에서는 KRW-XRP-USD 방식으로 중간에 XRP를 사용하는 방식인데 KRW-BTC-USD를 사용하는 방법과 큰 차이가 없습니다. 은행 송금에 특화되어 있어서 그렇습니다.

비트코인을 위시한 대부분의 코인이 분권화되었다는 특징이 있습니다. 이에 반해 리플은 특정 서버들로만 구성된 방식이므로 암호화 화폐로 부르기에 적합하지 않다는 주장도 있습니다. 암호화 화폐는 맞지만 분산 개념은 없다고 보면 적당할 것 같습니다.

새롭게바뀐
비트
코인
쉽게배우기

1판 1쇄 인쇄 | 2018년 1월 15일
1판 2쇄 발행 | 2018년 1월 30일

지은이 이운희(땡글닷컴 쌍둥아빠)
펴낸이 김기옥

경제경영팀장 모민원 편집 변호이
커뮤니케이션 플래너 박진모
경영지원 고광현, 임민진, 김주현
제작 김형식

디자인 제이알컴
인쇄·제본 민언프린텍

펴낸곳 한스미디어(한즈미디어(주))
주소 121-839 서울특별시 마포구 양화로 11길 13(서교동, 강원빌딩 5층)
전화 02-707-0337 | 팩스 02-707-0198 | 홈페이지 www.hansmedia.com
출판신고번호 제 313-2003-227호 | 신고일자 2003년 6월 25일

ISBN 979-11-6007-222-8 13320

책값은 뒤표지에 있습니다.
잘못 만들어진 책은 구입하신 서점에서 교환해 드립니다.